JN444369

이민은 어느 나라 사람인가?

전유경 지음

북산책

이민은 어느 나라 사람인가?

초판인쇄 | 2011년 4월 1일
초판발행 | 2011년 4월 1일

지은 이 | 전유경
펴낸 이 | 김영란
펴낸 곳 | 북산책

주 소 | 경기도 파주시 교하읍 문발리 513-5
전 화 | 070-8257-9822 010-2016-7113
email | 4mybook@gmail.com
홈페이지 | www.bookforus.com

ISBN 978-89-94728-04-9-03340
값 14,000원
* 잘못된 책은 구입처에서 교환해 드립니다.

True Identity of Immigrants

which country is their country?

이민 제도는 미국의 자선 사업의 일환이 아니다.
이민은 미국의 국익을 위한 존재이다.

이민(移民)은 어느 나라 사람인가?

전유경 지음

북산책

머리말

이민은 어느 나라 사람인가?

현재 미국으로 이민 온 사람들은 누구나 자유롭고 편안한 삶을 영위하고 있습니다. 미국사람들은 대체적으로 성격이 순하고 원만합니다. 하지만 그러한 미국사람들이 뜻밖에도 동양인을 공개적으로 배척하고 천대하였으며, 나아가서는 아시아인 전체의 이민마저 법으로 막았던 때가 있습니다.

오늘날 아시아인 이민이 미국 땅에서 편히 살 수 있는 특권을 누리게 된 것은, 태평양 전쟁(1941.12.-1945.8.) 말기에 접어들면서 수 십 년 동안 계속되던 동양인 배척 파동이 어느 정도 가라앉고, 아시아인 이민에 대한 법적 제한조치도 점차 완화되었기 때문입니다. 그러나 아시아인에 대한 천대나 아시아인을 대상으로 한 여러 가지 이민 금지법들이 시간의 흐름에 따라서 자연히 풀린 것이 아닙니다. 동양인 이민선조들의 눈물겨운 인내와 희생과 노력이라는 대가(代價) 없이는 기대할 수 없었던 일입니다.

그리고 그 이면에는, 제 2차 세계대전 당시 장개석 총통이 이끌던 중화민국이 연합국으로 중추적인 역할을 했던 것도 적지 않은 힘이 되었습니다.

현재 미국으로 이민 와서 살고 있는 한인들은 이민법이 완화된 후에 오게 된 신 이민의 첫 세대(generation)입니다. 그러기에 이들은 이민 1세로서 그리고 이민 선구자로서 자신과 후손들에게 과거와 같은 악몽이 다시는 되풀이 되지 않도록 할 책임이 있습니다. '모르는 게 약'이라는 속담이 있지만, '몰라서 벼락을 맞을 수'도 있습니다. 우리와 후손들이 다시는 벼락을 맞지 않고 미국에서 살아가려면 반드시 알아야 할 것들이 있습니다.

동양인에 대한 천대는 왜 시작되었고, 그러한 사조가 어떠한 형태로 동양인 이민사회에 작용되었는지를 반드시 알고 넘어가야 한다는 사실입니다. 그리고 거기서 얻는 교훈을 바로 우리 생활에 반영하도록 노력해야 한다는 것입니다. 이민 1세에게 이 땅은 외국의 땅입니다. 제멋대로 하는 생활 자세는 자멸을 초래할 수도 있다는 역사의 교훈을 잊어서는 안 될 것입니다.

이민은 인생의 모험이요 급변하는 환경에 적응하도록 강요당하는 다급한 길입니다. 그럼에도 불구하고 이민을 받아들이는 쪽의 요구에 순응하며 살겠다고 약조하고 어려운 길을 택한 사람들이 바로 이민 당사자들입니다. 하지만 길지 않은 한인 이민 역사는 한인 이민에게 이민에 대한 진정한 논의를 할 시간도 제대로 주지 않은 채 여기까지 왔습니다.

이제라도 이민의 본분(本分)을 진지하게 정의(定義)해 보고, 합당한 한인 이민사회의 미래상(vision)을 제시해 보는 일은, 개척정신으로 이민생활에 적응하려고 힘겹게 노력하며 살아온 이민 1세들의 몫이라고 생각합니다. 이것은 자신만이 아니라 앞으로 이어질 이민에게 반드시 가르쳐주어야 할 교훈이며, 이민을 받아들인 쪽의 기대에 부응하는 일이기 때문입니다.

미국에서 이민을 받아들이는 이유는 미국의 국익을 위해서이지 자선사업의 일환은 아닙니다. 그러므로 미국에 이민을 온다고 하면 미국에서는 미국인이 되어야 한다는 전제하에 받아들이는 것이며, 정착을 하면 참다운 미국인이 되라고 독려합니다. 이민은 누구나가 그러한 이민 정책의 기본 방침에 부응하는 생활을 영위할 때 참다운 미국의 모습을 볼 수 있습니다. 또한 본인의 현 위치를 이해하게 되며 자신이 선택한 일에 대한 보람과 동시에 책임도 느낄 수 있게 될 것입니다.

본인이 이 책자를 쓰게 된 동기는, 지금까지 누구도 진지하게 이야기하지 않았던 동양이민의 눈물겨운 역사와, 미국이민의 본질과 특성, 그리고 이민 본연의 자세를 논해보기 위해서입니다. 그러한 논의는 나 개인이나 특정 개인의 지론이어서는 안 되겠기에, 이민업무를 관장하는 미 이민국의 이민법규와 방침, 그리고 연관된 미국역사를 토대로 엮어나가도록 하였습니다.

끝으로 이 책의 출판을 전담한 『북산책』 김영란 사장의 정성어린 협조와 노고에 심심한 감사를 드립니다.

2011년 3월 1일 미국 Fremont에서 전 유 경

차 례

True Identity of Immigrants

which country is their country?

제1편

제 1장

개 요

1776년 미국이 독립국가로 건국이 되자 많은 유럽인들이 무한정 미국으로 몰려들기 시작하였다. 종교의 자유를 찾아서, 새로운 기회를 찾아서, 일터를 찾아서, 기아를 피해서, 전쟁을 피해서, 그 이유들도 다양하였다. 미국이라는 나라는 이러한 이민과, 이민의 자손들이 초석(礎石)이 되어 후일 세계를 지배하는 초강대국으로 발전하였다. 이민의 전통은 아직도 계승이 되어 해마다 많은 이민이 세계 각국에서 미국으로 모여들고 있다. 2009년에는 110만 명이 이민을 왔으며, 2010년 기준 미국에 거주하는 외국태생 미국 인구는 4,050만 명에 달하고 있다.

동양인이 맨 처음 미국에 이민으로 들어온 해는 1848년이다. 캘리포니아에서 금광 붐(gold rush)이 불기 시작한 1848년부터 중국인들이 들어오기 시작하여, 1860년 말까지 105,000여 명이 입국했다. 1870년대에는 123,000명이 추가 이민으로 입국

하였다. 그러나 미국으로 몰려든 중국이민들은 백인 노동 층의 빈축을 사게 됐는데, 그 이유는 저렴한 노동임금을 받으면서도 마다하지 않고 취업하여 노동시장에서 임금수준을 저하시켜 근로자들에게 큰 손해를 입혔다는 이유 때문이었다. 그리고 미국 주류사회는 중국인들이 경제 불황을 몰고 왔다고 비난하는 등, 사회의 좋지 않은 현상의 원인을 중국인의 탓으로 돌리는 경향이 생겼다.

또한 일부 학설에 따르면 중국인들은 경제적인 이유뿐만이 아니고 이민이면서도 미국 주류에 합류해 '미국화'를 하지 않고 이질적인 존재로 보였으며, 게다가 돈만 벌면 본국으로 줄행랑을 치는 사람들이 많았기 때문에 이웃으로부터 미움을 받았다고 한다. 중국인들이 배척을 당하고 천대를 받은 원인에 관해서는 이렇다 할 확고한 정설은 없지만, 실제적으로 상상을 초월하는 비참한 차별대우를 받은 것만은 사실이다.

중국인 이민사회에 드러난 이러한 모습이 결국 황색인종을 배척하는 황화사조(黃禍思潮)를 불러일으켰고, 황색인종을 멸시하고 천대하며 극도의 차별대우를 하게 만들었다. 그것을 영어로는 'Yellow Peril' (황색 공포)이라고 하는데 이러한 반 중국적 사조(思潮)가 드디어 이민법에까지 반영되었다.

1882년에 만들어진 '중국인 배척법(Chinese Exclusion Act)'이라는 특이한 이민법은 중국인의 이민을 일체 중단시키는 사태까지 불러오게 한 법이다.

이어 동양인에 대한 차별대우는 점차 심해져서 후에는 상상을 초월할 정도로까지 악화되어, 1917년 연방의회는 '이민을 불허하는 아시아지역(Asiatic Barred Zone Act)'이라는 법을 통과시켰다. 골자는 중동, 인도를 포함한 아시아 국가들과 동남아국가 국민은 미국에 이민을 올 수 없다는 법이었다. 중국은 이미 1882년에 '중국인 배척법(Chinese Exclusion Act)'으로 이민의 길이 막혀있었기에, 실제로 이민을 할 수 있는 아시아 국가는 일본과 몽고뿐이었다. 한국은 당시 일본 치하에 있을 때로 국권이 없을 때였다.

이 법은 일본이 이민을 금지 당하는 나라에서 벗어난 것으로 보이게 하지만, 실제적으로는 1907년에 미일 양국 간 막후교섭인 '신사협정(gentlemen's agreement)'으로 일본은 더 이상 미국으로 이민을 보내지 않겠다는 약속을 했었다. 그러다 보니 결국 아시아 전체가 이민 금지 국으로 묶인 셈이었다. 하지만 1924년 의회에서는 다시금 아시아인의 이민불허(不許)를 재확인하며, 그 지역을 전(全) 아시아라고 확대하는 새로운 법을 입법

하였다. 이 이민법을 'The Immigration Act of 1924'라고 하며 일명 'Johnson-Reed Act'라고도 한다.

이후 제 2차 세계대전(1939~1945) 중에는 이민문제가 조용했는데, 드디어 1952년에는 동양인도 자격만 갖추면 시민권을 받을 수 있다는 등 이민법이 다소 완화되었다. 그 전까지 동양인은 영주권자로 미국에 아무리 오래 살아도 시민권 취득 자격이 주어지지 않았다. 그러다가 1965년 동양인에게도 이민의 길이 완전히 열리게 되었는데, 그때부터 한국도 정식으로 미국으로 이민을 보낼 수 있게 되었다.

한인의 경우 2011년인 올해는 미국으로 이민의 길이 열린지 46년이 되는 셈이다. 그동안 무려 200만 명이 넘는 한인 이민이 미국으로 이주해 왔다. 우리는 더 늦기 전에 이쯤에서 '한국계-미국인(Korean-American)'이라고 불리는 신참이민(新參移民)으로서의 우리의 자화상을 적나라하게 그려보고, 우리 자신을 돌아보아야 한다고 생각한다.

같은 동양인이라도 중국계는 '황화-黃禍'(제2편 제1장 참조)라는 거센 시련을 겪었고, 일본인들은 태평양전쟁 중 '적성국가 국민'이라는 이유로 대거 치욕의 강제수용소 생활을 한 경험이 있다. 어떤 면으로는 이러한 역사적인 굴곡과 난관은 그들을 확고한 미국인으로 만드는데 밑거름이 되어 오늘의 중국계 미국인, 일본계 미국인으로 성장하게 만들어 미국 주류사회 각 분야에서 눈부신 활동을 할 수 있게 한 것이 아닌가 생각된다.

이러한 연륜이 새겨진 그들의 역사에 비하면 우리의 역사는 너무도 짧고 미숙하기 그지없다. 한인 이민 중에는 아직도 '애국'이요, '조국애'요 하면서 헛소리를 늘어놓는 사람들이 있다. 한국정부 또한 미국의 한인사회를 유기적인 한국의 행정단위로 착각하고 있는 양 '민주평화통일자문회의(평통)' 위원을 다수 임명해서 현지공관의 지휘 하에 두고 마치 한인사회나 대표하는 단체같이 내세우고 있다.

그뿐 아니라 한국 여러 애국단체의 미국 지부가 한인 커뮤니티의 단체로 뻐젓이 간판을 걸고 존재하고 있다. 이 모두가 이민생활의 미숙과 모국 요로의 천박한 식견에 기인된 것이라고는 하지만, 시행착오치고는 그 기간이 너무 긴 것이 문제다. 우리 이민은 지금 세금을 어디에다 내고 있는가? 복지혜택은 누구로부터 받고 있는가? 지금 어디에서 살고 있으며 어느 나라 사람으로 인정받아야 하겠는가? 잠시만 생각을 해보아도 우리의 본분을 스스로 알 수 있지 않겠는가?

한인들 모임에서 집단적인 행사를 할 때면 그때마다 태극기를 걸어놓고 국민의례를 관례적으로 잘한다. 한자리 하는 사람들이 자기 존재를 엄숙하게 태극기 앞에서 여러 사람에게 확인을 시키고 빛내보려는 것은 좋지만, 국민의례의 뜻을 제대로 알고하는 행위인지 의심이 갈 때가 있다.

국민의례란 "나는 자랑스러운 태극기 앞에 자유롭고 정의로운 대한민국의 무궁한 영광을 위하여 충성을 다할 것을 굳게 다짐합니다"라는 태극기에 대한 맹서를 하는 행사이다. 그런데 어떻게 미국에 충성을 하겠다고 약속한 이민이 무리를 지어서 미국에서 보자면 남의 나라인 대한민국에 충성맹세를 할 수 있겠는가? 그렇다면 누구에게 바치는 충성심이 진짜일까?

그리고 일부의 예지만, 한국의 선거에 참여해야 하기에 2중국적을 가져야 된다고 주장하는 사람들도 있다. 이러한 현상은 우리 한인들이 이민으로서의 자각심 부족과, 진부한 후진적 가치관의 노출이라고밖에 볼 수가 없다. 이러한 비상식적인 행동이 몇몇 개인의 처사로 간주되면 다행이지만, 한국인의 민족성에 연유되는 폐습으로 이민의 미국화에 제동을 거는 요인으로 보이면 큰일이다. 미국이라는 나라의 속성을 잘 이해하지 못한 소산으로, 한인 사회가 집단적(collectively)으로 멸시대상이 되거나 경계의 요인이 될 수 있기에 그것은 절대 안 될 일이다.

영주권자는 한국 국적을 가지고 있다고는 하지만, 영주권자로서 무국적자가 아니라는 것을 증명하는 여권을 갖고 있다는 것뿐이다. 즉 아무 실효가 없는 국적을 갖고 있다는 말이다. 만일 미국과 한국이 적대관계에 놓인다면 미국 당국에서 한인 영주권자를 한국 국적을 갖고 있다고 해서 한국으로 돌려보내겠는가? 영주권자라고 할지라도 미국에 충성을 한다는 전제하에 받아들였기에 미국 측에서는 그들도 미국을 위한 존재로 인정을 한다. 그러기에 대한민국에서 이민을 '해외 국민'으로 간주한다는 것은 어불성설이다.

이 글은 이민을 선택했으면 미국 이민의 본질을 올바로 깨닫고, 이민의 처지를 확실히 알아서 명실상부한 Korean-American으로 합당한 대접을 받도록 바르게 처신하여 잘 살아보자는 뜻으로 쓴 것이다. 하지만 불행히도 이민 1세 중에는 우리가 미국인이 된다는 변화에 대해 무조건 저항하는 이들이 있다. 그런 이들은 이민이 미국 땅에 발을 디디면 미국인(Korean-American)이 되어야 한다는 미국 당국의 기본 방침을 정면으로 부정하는 사람들이다. 이민이 이민으로서 지켜야 할 도리를 지킬 수 없거나 지키기 싫으면 한국으로 돌아가면 된다.

누가 강제로 오라고 해서 온 이민의 길이 아니지 않는가? 문제가 꼬여서 속수무책이 될 때까지 기다리지는 말자는 뜻이다.

우리는 한국에서 태어났기 때문에 한국인이다. 그와 마찬가지로 한국인이 미국으로 이민을 왔기 때문에 미국인이라는 신분을 갖게 되었다. 미국인이 자랑거리가 되기에 애써 미국인이 되려는 것이 아니고, 이민이라는 나의 행적이 나를 자연적으로 그렇게 만들어 준다는 것이다. 그러나 중요한 것은 미국인이 된다는 것이 한인이라는 신분을 완전히 저버리는 것을 전제로 하는 것이 아니다. Korean-American으로 한인이면서 미국인이 되는 것이다. 그리고 미국에서 태어나는 후손은 미국인으로 태어나서 한인 선조를 갖는 미국인이 되는 것으로, 그들을 American of Korean Descendant라고 한다.

세계 여기저기서 미국에 와서 귀화하는 사람들 중에는 귀화하기 전의 신분이 '자주 국민 국가(Nation-State)'의 국민(National)이 아니었던 사람도 많다. 왕국(Sovereignty)의 신민(Subject), 왕자(Prince)의 사신(Subject), 족속 수장(Potentate)의 백성 등이 그들이다. 이 사람들의 본인과 주권자의 관계는 현대 국민국가의 국민의 경우와는 많이 다르다고 할 수 있다.

현대 국민국가에서의 국민은 어떤 개인의 소유물이나 신하가 아니다. 조물주로부터 생명과, 자유와, 행복을 추구할 수 있는 절대 불가침(unalienable)의 천부의 권리를 부여받은 개체로서 본인의 거처는 본인이 옮길 수 있는 자유와 권리를 갖고 있다. 자기 모국에서 살기 싫어 외국으로 나가서 살고 싶다면 아무 거리낌 없이 나갈 수 있는 것이 현대 국민국가의 국민인 것이다. 그러나 군주국가나 족장과 같은 권력자가 거느리는 고장의 백성은 군신 사이의 의(義)라는 윤리문제가 있기 때문에 잘못하면 나라를 영구히 떠난다는 것이 배신이라든가 부도덕한 행위로 낙인이 찍히기 쉽다.

대한민국 국민으로 있다가 미국으로 이민을 온 사람들은 군주국가나 족장국가에 있다가 온 사람들하고는 다르다. 누구를 배신하고 말고도 없이 지극히 자연스러운 행위를 한 것이다. 곰곰이 생각해보자. 누가 미국인이 된다고 해서 겉모양을 바꾸라는 것도 아니고, 한인이 아니라고 부인하는 행동을 하라는 것도 아니다. 한인은 어디에 가서 무엇을 해도 한인이다. 그 뿌리를 바꾸어 보려고 아무리 애를 써도 되는 일이 아니다. 미국인이 된다는 것은 법적으로 미국이라는 나라의 영구적인 소속원이 되는 것이며, 미국의 통치권에 복종을 하는 존재가 된다는 뜻이다. 한인이라는 뿌리를 잘라버리라는 뜻이 아닌 것이다.

소나무는 어디에 가져다 심어도 소나무다. 뿌리가 소나무이기 때문이다. 한국 소나무를 미국에 옮겨 심으려면 심어야 하는 고장의 기후라던가 토질 등을 감안해서, 뿌리가 완전히 자리를 잡을 때까지는 물을 적절하게 준다든가, 토양을 조절한다든가, 거름을 준다든가, 죽지 않도록 하기 위한 손이 많이 가야 한다. 그 후 일단 환경에 익숙해지면 생명이 이어져서 미국 땅에서 생존하는 한국소나무로 자라나게 되는 것이다.

이민도 이민을 간 나라의 사람이 되려면 그만한 노력을 해야 안전하게 자리를 잡는다. 이민국에서는 이러한 자리를 잡는 절차를 소상히 가르쳐주고 있다. 이민국의 규정은 사관학교에서 모든 생도를 한 가지 틀에다 집어넣어 동일 형을 만들려는 '인간개조' 작업과는 근본적으로 다르다. 모든 이민을 한 가지 형으로 변화시키려는 것이 아니고 각자가 순조롭게, 그리고 나름대로 미국을 위한 사람이 되도록 권장하는 것이다.

애국심이나 충성심의 정의는 **"어떤 한 국가에 속하는 국민이 자신의 국가에 애착심을 가지고 국가의 운명을 자기의 운명과 같다고 보고 한 몸을 바쳐도 좋다고 생각하는 감정"**이다. 이민은 모국에서는 살길이 막막해서 길을 떠나게 되었건, 주관적이기는 하지만 나라의 꼴이 마음에 안 들어서 떠났건, 자녀교육을 위해서 떠났건, 모두 개인의 이기적인 목적을 위해서 한국과 작별한 사람들이다. 한국에서 사는 동안에도 한국과 자기 운명이 같다고 여기던 사람들이 아니며, 한국을 위해 자신의 몸을 바치겠다는 생각을 하던 사람들도 분명히 아니다. 그러한 마음의 자세였다면 이민의 길을 떠날 수 없었을 것이다.

그러므로 이민이 애국이나 조국애를 부르짖는다면 그것은 모두 허언(虛言)이다. 헛소리라는 뜻이다. 애국심의 정의(定義)상 어불성설이라는 말이다. 모국을 소중히 여기고 위하는 마음은 애향심이라고 한다. 애향심은 누구나가 갖고 있는 것이 정상이다. 이민을 온 후 미국인으로의 신분변화는 애향심마저 저버리는 절차는 아닌 것이다.

애국자를 자처하는 이민 중에 징병적령(徵兵適齡)이 되었다고 자식을 한국에 내보내서 입영시키는 사람을 보았는가? 애국자라고 나서는 사람 중에 한국에 소득세를 한번이라도 내는 사람을 본 일이 있는가? '애국'의 정의를 새겨보면 진정한 애국자는 이민이 될 수가 없다.

일본 제국시대 때 독립 운동가들이 중국이나 미국에서 애국운동을 했다고 해서, 미국으로 이민 온 사람이 자신은 애국을 위해 외국에 나와 있는 것이라고 착각한다면 큰 오산이다. 그 당시에는 한국이라는 나라가 일본에 의해 강제로 없어졌기 때문에 외국에 나와서 애국운동을 한 것이지만, 지금 한국은 없어진 나라가 아니다. 엄연히 존재하는 주권국가이며 아직도 전쟁 중인 나라다. 애국자라면 나라를 사수(死守)하기 위해서도 나라를 떠나면 안 되는 사람들이다. 특히 휴전하의 나라에서는.

필두에 이상과 같은 이야기를 하지 않을 수 없는 이유는, 이민이 이민으로서 자신의 참된 모습을 알려면 헛된 마음가짐으로는 어렵다는 것을 명백히 하기 위해서다. 다인종 다문화라는 배경 속에서도 사회적 기강이 확립되어 있고, 거국적인 전쟁을 치르면서도 지원병으로만 충원을 하는 본때 있는 나라가 미국이다. 그리고 국민성이 정직과 공평, 그리고 성실이라는 기틀 위에 세워진 나라가 미국이다. 그런 나라로 이민을 왔으면 당연히 그러한 규범을 따르도록 노력하고, 전통을 지키려는 마음가짐을 가져야 하지 않겠느냐는 것이다.

고금을 통해서 세상 사람들이 금과옥조(金科玉條)로 삼아 온 '입향순속(入鄕循俗)'이라는 속담이 있다. 어떤 고장에 가나 그 고장의 풍속을 따르라는 교훈이다. 꼭 같은 뜻인데 서양에서는 'When you are in Rome, do as Romans do.'라고 한다.

새로운 고장에 왔으면 그 고장의 풍습에 맞게 올바로 살도록 노력을 해야 하지 않겠냐는 것이다. 나를 속이는 악습은 이러한 미국과 같은 사회에서는 용납이 안 되며 언젠가는 대가를 치르게 만드는 나라가 또한 미국이다.

이민을 와서도 조국애니 애국이니 하면서 대한민국 일에 지나친 관심을 가지고, 한국정부의 움직임이며 사회현상에 대해 일일이 평을 늘어놓는다든가 참견하는 이민 1세들이 제법 있다. 어떠한 이유이든 한국에서 살기 싫어서 이민을 떠난 사람들은 모국의 정세에 관해 평할 자격이 없으며, 또 해서는 안 된다고 본다. 조용히 걱정하는 정도라면 몰라도 도가 지나치면 빈축(嚬蹙)을 사게 마련이다. 모국의 일은 그동안 모국에서 모국을 위해 열심히 일 해왔고 일하고 있는 사람들의 몫이며 책임이다. 자칫하면 조국 건설에 애써 온 모국 국민을 우롱하는 꼴이 되니 극히 조심해야 한다.

그리고 이민 온 사람들 중에는 한국에서 권익을 찾겠다고 나서는 사람들도 있다. 이민은 모국에서 국가에 대한 의무와 권리를 전적으로 포기하고 떠난 사람들이다. 이민 온 사람들이 모국으로부터 찾아야 하고 아직 계산해야 할 남아있는 권익이란 대체 어떤 것을 말하는 것일까?

그리고 이민이라는 신분이 모국 정부에 대해서 권익이라는 명목으로 무엇을 요구할 수 있는지도 잘 생각해 볼 필요가 있다. 혹자는 "모국에서 이민을 도외시한다. 이민은 소외되어 있다."는 등의 불만을 표명한다. 이 역시 어불성설이다. 이민은 모국과 작별하고 영구히 다른 나라로 옮겨간 사람들이다. 도외시 당하고 소외를 느끼는 것도 당연하다. 어떠한 국가에서 나라를 영구히 떠난 사람들에게 계속해서 국민 대접을 해 주겠는가?

한인 이민 중에는 미국에서 황화(제2편 제1장 참조)와 같은 극심한 동양인 차별대우와 과도한 배척운동이 있었다는 사실을 전혀 모르는 이가 제법 있다. 이러한 역사적인 사건을 거울삼아 이민 1세들은 이민의 처지를 깨닫고, 미국 정부와 이웃의 눈 밖에 나는 언행은 삼가도록 노력해야 할 것이다.

그러기 위해서는 미국이 이민에게 요구하는 의무인 '미국화(Americanization)', 즉 이민이 미국을 위한 존재라는 사실을 분명히 해야 한다. 우리 모국을 업신여긴다든가 잊어야 된다는 뜻은 절대 아니다. 이민이라는 특수부류에 속하는 우리의 처지를 분명히 알고 지내자는 것이며, 문화인으로서 긍지를 가지고 통치권의 권위를 존중하는 존재로 우리와 우리자손이 미국사회에서 올바른 대접을 받도록 하자는 것이다.

미국에서는 귀화하기 이전인 영주권자를 시민으로 대우하지는 않지만 국민대우는 하고 있다. 자세한 것은 본문에서 설명하겠지만, 미국은 한국과 달리 같은 미국인이라도 시민권자가 있고 국민이 따로 있다는 사실을 명심해야 할 것이다.

영주권자의 국적은 마치 출가외인이 쓰고 있는 친정의 '성'과 같다. 한국에서는 출가를 하여도 친정의 성을 그대로 쓰고 있는데, 그렇다고 해서 친정 식구는 아니다. 이민은 왔지만 국적은 아직도 한국이라고 해서 한국 국민은 아니다. 이민자의 모국 국적은 유명무실하다는 뜻이다.

지금 한국정부에서는 2012년에 있을 한국 총선거와 대선에 영주권자를 재외국민으로 간주하고 투표를 시키겠다고 한다. 마치 이민을 아직도 한국의 실제적인 소속원이라고 여기는 것과 같다. 그것은 마치 출가한 여인을 계속해서 친정식구로 간주하고 친정에서 왈가왈부하는 것과 다를 바 없는 것이다.

이민이란 한국을 떠날 때 한국 국민으로서의 기본권을 완전히 포기하였으며 정부에서도 그러한 사실을 시인하고 있다.

투표는 국회에서 나를 대표해줄 사람, 그리고 나에게 정치적인 영향을 줄 사람을 선출하는 행사다. 한국의 정치와는 아무

관계가 없는 이민을 국회에서 대표해 줄 필요는 어디에 있으며, 정치적인 영향도 받지 않는 이민이 투표는 왜 해야 하는지. 한국 정부에서는 좀 더 이 문제를 심각하게 고려해야 한다. 한국의 대통령이라고 할지라도 이민에게는 정치적 영향력을 전혀 행사할 수 없다.

그리고 이민사회에서 비례대표를 선출한다고 하는데, 한국의 정치와는 아무 관계가 없는 이민에게 의석은 왜 배당하겠다는 것인가? 국회는 국가의 입법기관이다. 한국의 국회는 이민하고는 상관이 없는 한국의 법을 다루는 곳이며 국사를 돌보는 곳이다. 그런데 어찌해서 이민을 참여케 하려는 것인가? 이민이 외국정부의 정책 층 직분을 갖게 되면 미국에 거주할 수 있는 권한을 박탈당할 수도 있는 이민법이 있다는 것을 알고나 하는 일인지 궁금하다.

이민사회는 유기적인 사회가 아니다. 객관적인 실제성이 없는 가상적인 사회다. 이민으로서 미국 한인 이민을 정치적으로 대표할 수 있는 사람은 아무도 없다. 아무도 없다는 뜻은 '있을 수가 없다'는 뜻이다. 각자가 임의로 이민 와서 개별적으로 미국 주류의 일원으로 생활을 하고 있는데 누가 마음대로 대표를 하겠다는 것인가?

이민을 대외적으로 그리고 공식적으로 대표해 주는 기관은 미 연방의 이민국 아니면 국무부이다. 이민의 생활근거는 이민 수용국가이다. 미국 이민인 경우는 미국이라는 뜻이다.

대한민국 정부에서는 이민사회에 '평통'이라는 조직을 심어 놓았다. 평통은 대한민국의 헌법기관이며 대통령 직할기관이다. 헌법기관은 그 헌법의 권위가 공적으로 인정되는 영역 내에서만 효력을 발휘할 수 있다. 그러므로 평통을 미국 영토에 설립해놓고 한국 정부의 지휘 하에 둔다는 것이 과연 합당한지 재고해봐야 할 것이다.

나는 대한민국의 시책을 비판하기 위해서 이런 글을 쓰는 것이 아니다. 대한민국은 나의 모국이며 나의 모국에 대해 그럴 이유도 전혀 없다. 다만 장기간 외국생활에서 은연중에 조성된 재외동포들과의 연대의식과, 이민문제를 어느 정도 깊이 있게 공부할 수 있는 기회를 가졌던 미국정치학도로서, 이민에게 악영향을 줄만한 원인이 조성되면 안 되겠다는 염려와, 모르고 하는 일에 대한 경각심을 환기시키고 계몽하기 위해서다.

제 2장

이민은 어느 나라 사람인가?

한미 간 수교조약이 맺어진 해는 조선 말엽인 1882년이다. 그것을 기초로 1903년 1월 13일에는 하와이 사탕수수농장과 계약을 맺은 한인 계약노동자(indentured laborer) 제 1진 102명이 호놀룰루 항에 도착했다. 이어 1905년까지 도합 7,843명의 한인이 하와이로 이민을 왔는데, 그 중 677명은 가정주부였고 465명은 어린이였다. 이들이 한인이민의 시조라고 할 수 있는 사람들이다. 미국 이민의 길이 열리자 얼마 되지 않아 한국이 일제의 식민지(1910~1945)로 전락하면서 미국이민은 완전히 중단되었다. 또 1924년에는 미국의 동양인 배척사조(Yellow Peril)의 영향으로 미국 측에서 동양인 이민을 일체 받아들이지 않는 이민법을 시행하였다.

1945년 해방과 더불어 소수의 연수의사(研修醫師)들과 유학생들의 도미(渡美)의 길은 열렸으나 이민의 문호는 여전히 닫혀 있었다. 제 2차 세계대전 중 장개석(蔣介石) 총통이 이끄는 중국이 연합국 중심세력의 일원으로 미국과 합동작전 등 공동보조를 취하자, 미국의 반 동양적인 사조도 많이 가라앉게 되었다. 2차 대전 중인 1943년부터 동양인의 이민억제 정책도 서서히 완화되었고, 결과적으로 한인 이민의 길도 1965년을 기해 다시 열리게 되었다.

한인 이민은 시기적으로 보아, 1903년부터 1910년간의 이민을 구 이민(舊移民)이라고 칭하고 그 기간을 구 이민기(舊 移民期), 이후 1964년까지 반세기 동안은 동결기(凍結期), 그리고 1965년 이후의 이민은 신 이민(新 移民)으로 보고 그 기간을 신 이민기(新移民期)로 호칭하는 것이 합당할 것이다. 연방 인구조사국(United States Census Bureau)의 통계에 의하면 2008년 10월 26일을 기점으로 미국거주 한인의 총수는 1,609,980명이다. 이중에는 구 이민의 자손도 다소 섞여 있겠지만 대부분을 신 이민이라고 보아도 무방할 것이다. (대한민국 정부의 통계 수와는 차이가 있음)

위에서 살펴본 대로 우리의 이민역사가 100년이 넘는다고는 하지만, 일제식민지 기간을 낀 반세기 동안의 동결기(凍結期)가 있었기 때문에 신 이민기를 맞이하기 이전 이민은 한국인들의 관심사가 될 수 없었다. 그러나 신 이민기 접어들면서 가는 사람들이 적지 않게 눈에 띄기 시작하자, 사회적으로 이민도 선택의 여지를 갖는 인생의 목표로 새로이 등장하게 되었다.

한인들에게 이민은 생소하여 정작 이민 길을 떠나면서도 본인이 대처하여야 할 새로운 생활 터전에 관한 역사적인 배경이라든가 주민들의 풍습, 정부의 제도 등에 관한 사전지식을 충분히 갖추지 못한 채 한국을 나서게 되었다. 또 사회인으로서 본인과 가족이 같이 감당해야 하는 엄청난 신분상의 변화도 별로 심각하게 생각해 볼 겨를도 없이 모험의 길을 떠나게 되었다. 말하자면 닥치는 대로 견뎌보자는 비장한 각오만 갖고 떠난 셈이다.

그러다보니 장본인은 이민을 와서도 대한민국 국민인지 미국시민인지, 또는 미국이라는 나라의 통치권에 복종할 의무를 갖고 살고 있는 미국 국민의 일원인지(영주권자의 경우)를 분간치 못하는 사람들이 의외로 많아지게 되었다. 이러한 면으로 보자면 대한민국 정부 측의 이민에 대한 식견도 별로 다를 바가 없다고 보아야 할 것이다.

이민은 국민으로서 의무와 권리를 (자동적으로) 완전히 포기하고 또 국가에서도 그 사실을 시인한 상태다. 그러나 한국정부에서는 그렇게 출국한 이민도 여전히 대한민국 통치권에 복종할 의무를 가진 대한민국 국민으로 간주한다든가, 재미 한인 커뮤니티를 대한민국의 일개 행정구역으로 착각을 일으킨 양 '민주평화통일자문회의'와 같은 헌법기구를 설치하였다. 더구나 '재외국민'이라는 이름으로 이민을 대한민국 공직선거에 참여시키겠다는 등 터무니없는 일을 계획하고 있다. 재미 이민의 정치적이나 사회적인 입장을 무시하는 것인지, 몰라서 범하는 과오인지 분간하기 어렵다.

아무리 한인의 미국이민 역사가 오래되지 않았다고 하더라도 정부가 이민자를 오도한다든가, 미국 이민정책에 도전하는 일은 삼가 해야 한다. 미국의 한인 교민사회는 유기적인 한인 조직체가 아니며, 각자가 자의에 의해 산발적으로 와서 각지에 흩어져 살면서 편의상 우발적으로 형성한 가상사회다.

영주권자는 무국적자가 아니라는 증서로 한국여권을 소지하고 있는 것이고 그 뒷받침으로 국적유지를 하고 있는 것인데, 한국정부에서는 영주권자를 마치 실제적인 국민으로 취급하려는 경향이 있다. 헌법학에서는 국민을 '국가의 항구적 소속원으로 영토 안에 있든 영토 밖에 있든 국가의 통치권에 복종할 의무를 가진 자를 국민이라 한다.'라고 정의하고 있다.

우선 이민자는 한국의 '항구적인 소속원'이 아니다. 그리고 한국의 '통치권에 복종할 의무를 가진 자'가 아니다. 법적으로도 그렇고 실제적으로도 이민은 '미국의 통치권에 복종할 의무'가 있는 사람들이다. 정의상 이민은 확연히 모국 국민이 아닌 것이다.

현대 국가에서의 국민은 국민에게 부과되어 있는 국민의 의무를 다 하여야 하며, 불복 시에는 국가의 강제수단이 동원되게 되어 있다. 국민의 의무를 간추려보면 여러 가지가 있겠지만 기본적인 것은 납세, 국방, 교육, 근로 등이다. 그리고 국민의 권리는 평등권, 자유권, 경제권, 참정권, 청구권, 사회 복지권 등으로 요약된다.

이민은 우선 모국에서 부과하는 국민의 의무를 단 한 가지도 이행하지 않는 존재다. 모국을 영원히 떠난 입장이기 때문에 당연하다고 할 수 있다. 권리와 의무는 동전의 앞뒤나 마찬가지의 관계라고 할 수 있다. 의무를 이행치 않으면 권리행사도 당연히 할 자격이 없어진다고 보아야 마땅하다.

현실적으로 미국에 이민 온 사람들은 국민의 의무를 한국이 아니고 미국에 하고 있다. 그리고 권리행사도 그렇게 하고 있다.

한국에서와는 달리 미국에서는 국민(nationality)과 시민(citizenship)을 구분해서 법으로 정하고 있다. 같은 미국사람이지만 시민이 있고 국민이 따로 있다는 뜻이다. '모든 미국 시민은 미국의 국민이다. 그러나 일부 국민은 시민은 아니다'라는 것이다. 미합중국 국민(national of the United States)을 연방법 'Section 101(a)(22)of the INA [8 USC/1101(a)(22)]'에서는 '미국 시민이 아니라도 미국에 대한 영구적인 충성(permanent allegiance)을 맹서한 사람'이라고 규정하고 있다.

이 법은 식민지 또는 해외미국영토(U.S. Territory)의 원주민이나 거기서 출생한 사람들에게는 미국 국민의 자격은 부여하였지만 시민권은 부여치 않던 법에서 온 관행이다. 현재 이법의 적용을 받고 있는 영토는 American Samoa와 Swains Island이며 과거에는 다음과 같은 영토가 적용을 받았다. 괄호 안은 적용기간이다. Guam(1898~1950), Philippines(1898~1935), Puerto Rico(1898~1917), U.S. Virgin Islands(1917~1927)이다.

이러한 미국의 국민이 미국 시민이 되려면 이민자가 귀화하는 것과 동일한 과정을 거쳐야 한다. 영주권자는 마치 이러한 '미국국민'과 같은 처지에 있는 것이다. 실제적으로 미국 육군에 입대를 하려면 시민권자가 아니더라도 합법적인 이민(permanent resident alien) 즉 영주권자라도 할 수가 있다.

연방 국토 안전부(U.S. Department of Homeland Security)의 이민국(USCIS)에서 발행한 "미합중국에 오신 것을 환영합니다.－신규 이민자를 위한 안내문(Welcome to the United State－A Guide for New Immigrants)"이라는 책자가 있다. 그 첫 페이지에는 "미국의 영주권자가 됨으로써, 여러분은 이 나라를 우리나라라고 명명하겠다는 결정을 내린 것이 됩니다." 라고 명기되어 있다.

실제적으로 이민은 한국과는 영구적인 작별을 하고 떠났고, 시민권자인 경우는 더 말할 나위가 없지만 영주권자인 경우라도 모국과의 법적인 유대관계란 단지 모국여권을 갖고 있는 정도이다. 수용국가(受容國家)에서 자손을 퍼뜨리며 그 고장에서 그 고장의 법에 따라서 영주하게 된 만큼 수용국가의 국민 또는 국민대우를 받아야 합당하다. 잠시 돈벌이 나온 해외근로자 취급을 받아서는 안 된다는 뜻이다.

이민을 했다면 우리는 한국 국민이기보다는 미국 국민으로서의 권리를 찾아서 누려야 할 입장이다. 영주권을 갖고는 있지만 국민 대접을 제대로 받지 못하면 얼마나 서럽고 어려운 처지가 될 지 우리는 깊이 생각해 볼 필요가 있다.

미국에서는 이민을 처음부터 미국 국민으로 받아들이되 귀화의 법적 수속은 5년이 지난 다음에야 할 수 있도록 제도화시켰다. 이 5년이라는 기간은 이민자의 귀화 수습기간(修習期間)이며 이민생활의 지속 여부를 결정짓는 거주시도(居住試圖-trial)의 기간이기도 하다. 이러한 측면에서 본다면 영주권자라고 해서 미국 국민이 아닌 것은 아니며, 단지 미국 시민으로 법적 수속을 마치지 않은 유예기간중인 시민이라고 할 수 있다.

한국정부에서는 영주권자에 대해서는 한국 국적을 유지해 주지만 한국의 실제적인 국민으로 인정해 주는 것은 아니다. 이민은 모국을 떠나는 순간부터 모국 국민의 자격을 포기하고 떠나기 때문에 국민일 수는 없다. 영주권자지만 한국 국적을 그대로 유지시켜주는 이유는 국제법상 어떠한 국가에서나 자국민을 무국적자로 만들면 안 되기 때문에, 이민자가 시민으로 귀화할 때까지 한국 국적을 지속하도록 해주는 것이다. 실제적으로는 한국 국민이 아니지만 미국의 이민법이 이민에게 자동적으로 시민권을 주는 것이 아니고, 일정한 자격을 갖춘 다음에 주기 때문에 그 동안에 져야하는 한국 정부의 의무라는 뜻이다.

자국민을 무국적자로 만들지 않기로 한 국제적 관례는 1948년 12월 10일 국제연합(UN)에서 채택한 세계인권선언(Universal Declaration of Human Right)에서 재확인된 바 있다.

이러한 이민을 억지로 한국 국민이라고 규정짓고 한국의 선거를 하라고 종용한다는 것은, 나라의 체면을 생각해서라도 삼가해야 하지 않겠는가?

여기서 영주권자의 국적에 대한 한국정부의 해석이 현실과 전혀 일치되지 않는다는 모순이 노출이 되는데 이 문제는 차제에 분명히 집고 넘어가야 한다. 헌법학에서 규정하는 '국민은 국가의 항구적 소속원이어야 하고 어디에서 살거나 국가의 통치권에 복종할 의무를 가진 자' 라는 정의가 옳다면, 한국정부에서는 이민의 한국 국적을 말소하여야 한다. 왜냐하면, 이민은 이민 길을 떠나면서 한국 국민의 자격을 완전히 포기, 상실하기 때문이다. 그럼에도 불구하고 한국 정부에서 국적을 유지하여주는 이유는 국제 관례상 자국민을 무국자로 만들면 안 되기 때문에 한국 정부에서 그 의무를 이행하기 위한 것이다. 그러므로 영주권자가 갖고 있는 국적이란 국민의 자격을 상실한 채 갖고 있는 것이며 무국적자가 아니라는 증명을 위한 형식상의 것에 불과하다.

그럼에도 불구하고 한국 정부에서는 이민자를 여전히 사실상의 국민으로 취급하려는 경향이 있는데, 그것은 어불성설이다. 왜냐하면 이민은 영주권자건 시민권자건 미국의 항구적인 소속원이고, 미국의 통치권에 복종하면서 사는 실재적(de facto)인 미국 국민이기 때문이다. 예컨대 이민에게 한국 공직자 선거에 참여하라고 하는 경우, 한국 국민의 권리이자 의무인 참정권을 행사하라는 것인데, 이민은 그러한 권리와 의무를 이미 상실 또는 포기하고 미국통치권의 지배 하에서 살고 있기 때문에 부당한 것이다. 혹시 부지중에 선거에 참여를 했다손 치더라도 본인은 본인을 지배하고 있는 통치권을 무시한 격이 됨으로, 미국 정부에서 응분의 법적조치를 취한다 해도 변명의 여지가 없는 것이다.

국가에서 베풀어지는 혜택(benefit)에는 조건이 붙어있다. 이민은 미국인이 되어야 할 의무를 충족한다는 조건하에 정부에서 베푸는 각종 혜택을 받게 된다. 그러므로 국가에 대한 의무를 충족할 생각이 없이 국가에서 주는 것을 받아만 먹으면 불청객꼴이 된다. 수혜자로서 떳떳한 입장이 되려면 이민은 미국인이라는 입장이 되어야 한다.

이 세상 어느 나라에서 외국 사람이 그 나라에서 살겠다고 요청하고 이민을 와서 살면서, 모국에 대한 충성심은 충만한 티를 내고 거주국가의 주권에 대한 존엄성은 경시하면서 살 수 있도록 방임하겠는가? 그러므로 미국의 이민에 대한 기본적인 요구는 "누구나 이민으로 미국에 발을 디디면 미국인이 되라"는 것으로, '한국사람'인 경우는 '한국계-미국인'이 되라는 뜻이다. 이민은 권리가 아니고 특전이다. 기본적인 조건을 만족시키지 못하면 그 특전이 무산되어도 할 말이 없다. 어렵게 얻은 영주권을 상실할 수도 있다는 뜻이다. 이어지는 글에서 '한국계-미국인'의 정체를 살펴보도록 하자.

제 3장

충성맹세

필자는 우리 한인이 미국으로 이민을 온 이상, 우선 이민 1세들이 Korean-American의 본질을 올바로 깨달아야 한다고 주장해 왔다. 즉, 올바른 Korean-American이 되어 미국 현지에서 입신하고 자손들을 잘 키워서 어떠한 분야에서든 대성할 수 있도록 노력해야 한다는 주장이었다. 필자의 이러한 주장은 옛날이나 지금이나 변함이 없는데, 그간 필자와 같은 생각을 가진 사람들은 간간히 해괴망측한 평을 듣기도 했다. “저 사람은 친미파다”, “너무 한다.”, “저는 한국 사람이 아닌가?”, “애국심이 없다” 등이 그것이다. 아래의 내용은 필자의 사적인 입장설명이 아니라 많은 교민의 대표적인 사고방식을 설명하기 위한 것임을 밝혀둔다.

(1) 필자와 같은 생각을 가진 사람들에게 ‘친미파’라는 이름을 붙이는 것은 유치한 표현이기는 하지만 틀리는 표현은 아니라고 본다. 미국이 좋아서 미국에 와서 공부도 하였고

이민도 오게 되었다. 그러면 그러한 평을 하는 사람들은 '반미파'란 말인가? 반미사상을 가졌다면 미국으로 이민은 왜 온 것일까? 그 저의가 의심스럽다.

(2) "너무 한다"라는 말의 뜻은 한국 국민이 미국 국민으로 적을 바꿀 수는 없지 않겠느냐는 뜻으로 해석이 된다. '출가외인'이라는 말은 여자가 일단 결혼을 하면 호적도 시집 쪽으로 옮겨지면서 영영 시집식구가 된다는 뜻이지, 친정과는 아무 상관이 없는 남이 된다는 뜻은 결코 아니다. 이민인 경우도 이민을 왔기 때문에 그 수용국가(受容國家)의 일원이 되어, 그 수용국가의 이민방침에 따라 그 국가의 법질서 속에서 그 나라에 유익한 존재가 되어야 한다는 것이지 모국과의 인연을 완전히 끊어야 한다는 것은 아니다. 성인이 되어서 이민 길을 떠난 사람이면 현지에서 올 일신상의 변화 정도는 각오를 하였어야 할 터인데, 너도 나도 당면하는 필연적인 변화를 거치면서 "너무 한다"고 하는 것은 신중하게 다시 생각해봐야 할 것이다. 이민은 본인이 만든 변화다. 이민을 하고도 이러한 변화가 싫다면 다시 물리면 된다. 한국으로 돌아가면 된다는 뜻이다.

(3) "저는 한국 사람이 아닌가?", "애국심이 없다" 등의 공격적인 평이 지니는 가치는, 이민자가 시민권을 받을 때 연방 판사 앞에서 오른손을 들고 엄숙하게 선서하는 아래와 같은 '충성 맹세(Oath of Allegiance)'의 전문(全文)을 음미

해 보면 쉽게 판단이 된다. 그러한 말을 하는 사람들은 결국 정직하지 못한 삶의 태도와 본인의 무지함을 노출시키는 꼴이 되고 만다. 법치국가에서는 법을 철저하게 따라야 하고, 공적인 맹서는 어김없이 지켜야 한다는 엄연한 사실을 모르고 간과한다는 뜻이 되기 때문이다.

충성 맹세(Oath of Allegiance)

나는 지금까지 내가 예속되어 있던 외국의 왕자나 군주, 영유지, 또는 주권 국가에 대한 충성심 전부를 자발적으로 완전히 그리고 철저하게 포기하고 미국의 헌법과 법을 받들 것이며 그러한 법을 국내외의 적으로부터 보호할 것이며, 미국 법을 진심으로 신뢰하며 준법에 충실할 것이며, 유사시에는 법에 따라 미국을 위하여 군에 복무할 것이며, 국가가 요청할 때는 법이 정하는 바에 따라 문민의 지휘 하에도 들어갈 것이며, 이러한 의무의 수락을 임시방편으로 또는 심리적 유보를 갖고 하는 것이 아니며 나의 자유의사에 의해서 한다는 사실을 하나님의 이름으로 맹서합니다.

I hereby declare, on oath, that I absolutely and entirely renounce and abjure all allegiance to any foreign prince, potentate, state, or sovereignty of whom or which I have heretofore been a subject or citizen, that I will support and defend the Constitution and the laws of the United States of America against all enemies, foreign and domestic; that I will bear true faith and allegiance to the same; that I will bear arms on behalf of the United States when required by the law; or that I will work of national importance under civilian direction when required by the law; and that I take this obligation freely without any mental reservation or purpose of evasion; so help me God.

선서의 전반부를 '포기 선언(renunciatory oath)'이라고 한다. 떠나온 모국에 대한 충성심 전부를 완전히, 그리고 철저하게 포기한다는 내용이다. 그 다음은 '충성 맹서'이다. 미국 국민으로서 미국의 법을 잘 지키며 충성을 다 하겠다는 맹서이다. 마지막 부분에서는 "아무런 조건 없이 진정한 의미에서 미국을 내 나라로 삼겠다는 결심을 하였기 때문에 시민이 된다는 것을 하나님 앞에서 분명히 한다."는 것이다.

미국 시민이 된다고 해서 우리 외모나 생활에 유형적인 어떤 큰 변화가 오는 것은 아니다. 연방정부의 이민국 공식 간행물

중에 '시민권을 받음으로 생기는 변화는 육체적인 것이 아니고 정신적인 것(a thing of the spirit-not of the flesh)'이라고 명기되어 있다. 미국 사람으로 변한다는 것은 '마음가짐'의 변화라는 뜻이다. 우리 정신자세를 가다듬고 변화된 법적인 처지에 순응하는 생활을 하겠다는 다짐인 것이다.

미국을 내 나라라고 명명하겠다고 약속을 해 놓고, 그 사실을 전혀 염두에 두지 않고 있다는 것은 우선 인간으로서의 기본적인 도의를 벗어난 행위이다. '마음가짐'의 변화를 약속하였으면 항상 자각하고 있어야 마땅한 일이다. 법에 앞서 우리는 우선 인간으로써 지켜야 할 약속을 정직하게 지킬 줄 모르면 제대로 된 사람대접을 받을 수 없다는 사실을 잊으면 안 된다.

여기서 우리가 유의할 점은 미국에 대한 충성심은 미국인이 되면 필수적이고 당연한 것이지만, 그렇다고 해서 모국에 대한 애정마저 저버리라는 것은 아니다. 이때의 모국에 대한 애정은 충성심도 아니고 애국심도 아니며 '애향심'이라는 감정이다.

애향심은 인지상정인 것이며, 애국심이라든가 충성심은 '어떤 한 국가에 속하는 국민이 자신의 국가에 애착심을 가지고 국가의 운명을 자기의 운명과 같다고 보고 한 몸을 바쳐도 좋다고 생각하는 감정'이다. 애국심, 충성심의 정의로 보아, 미국의 한국계 이민이 모국에 애국을 한다든가 충성을 한다면 어불성설이 되는 셈이다.

대한민국은 36년간 일본 식민지로 전락했던 때가 있다. 이때 제정일본의 한국 통치기관이었던 조선총독부에서는, 전 국민이 일본에 대해 충성을 맹서하는 '황국신민의 서사(皇國臣民의 誓詞)'라는 맹서를 각 급 학교에서는 매일, 그리고 어떤 행사건 일반 국민들이 모이는 장소면 행사 전에 그것을 고성으로 외우게 하고, 발행되는 잡지나 서적의 첫 페이지에 반드시 기재하게 하였다. 그것은 1937년에 시작된 전국적인 일본화 정책의 하나였는데, 대부분의 한국 사람들은 이 서사를 면전복배(面從服背)의 자세로 외웠다. 입으로는 달달 외웠지만 진심으로 일본인이 되어야겠다는 마음을 가졌던 사람은 거의 없었다.

한심한 것은 시민권수여 시에 오른손을 들고 읊는 '충성맹서'를 '황국신민의 서사' 정도로 알고 대하는 사람들이 있다는 것이다. "형식상 하는 것이 아니냐?"며 하나님의 이름으로 하는 맹서마저 버젓이 가식으로 한다는 것이다. 만일 이러한 행위가 관습적인 것이라고 이 사회에 알려질 경우, 그 원인이 한국인의 국민성이라든가 식민지 근성이라고 지적되어도 우리는 할 말이 없다.

이러한 후진적이고 부정직한 현상은 미국화에 등을 돌리게 하는 모국 편중사상에서 연유되는 바가 크다고 할 수 있다.

외국에 이민을 가면 모국에 대한 애국심이 더 강해진다는 이야기는 흔히 하는 이야기인데, 이 역시 용어의 오용으로 해석해야 할 것이다. 외국에 나와서 살면 시간이 갈수록 모국이 더 그리워지고, 무언가 모국을 위해서 도움이 되는 일이라면 참여하고 싶기도 하고 보고 싶은 사람도 많이 늘어나게 된다. 우리는 이러한 일련의 감정을 '애향심'이라고 칭해야 합당하다. 출가한 여인이 갖는 친정과의 관계와 유사하다고 할 수 있겠다.

이민은 충성심(애국심)과 애향심이라는 낱말을 잘 가려 쓰도록 노력해야 한다. 특히 미국 이민법은 미국에 충성을 맹서한 귀화시민이 타국에 충성맹서를 하면 시민권을 상실할 수 있다는 규정이 있다. 미국에서는 이민의 충성심의 소재에 관해서는 그토록 예민하다는 것을 반드시 알아야 한다.

우리는 미국이라는 나라에 새로 입적한 신참(新參)이다. 이민이라는 특전에 대한 우리의 의무는 충실한 미국 국민이 되는 것이다. 그리고 우리는 미국에서 현지인으로 성공해야 하며, 자손들을 훌륭하게 키워서 미국의 어떤 분야에서나 날개를 활짝

펴고 살 수 있게 하려는 노력만으로도 벅차기 그지없다.

참정이니, 2중국적이니, 평통 등은 우리 앞길에 장애가 되는 역풍(逆風)이라고 할 수 있다. **이민이 모국을 위하는 길은 말로만 하는 '애국' 이라든가 '조국애' 와 같은 허황된 소리를 늘어놓는 일이 아니고, 현지에서 제대로 사람대접을 받는 올바른 주민이 되고 자손들을 잘 키워서 성공시키는 일**이다.

이민 1세들은 살아 있는 동안에 미국인으로 태어나는 아들과 딸, 손자와 손녀, 증손자와 증손녀를 보게 되며 그들의 할아버지요 할머니가 되는 것이다. 또한 우리 이민 1세들은 미국에 홈타운(hometown)을 갖는 직계자손들을 얻으며, 미국정부가 베푸는 노인 복지혜택으로 여생을 무난히 보내고 있다. 그래도 이러한 이민들을 '재외 국민'이라고 명명하면서 한국의 인구로 간주하겠다는 것인가?

제 4장

'미국화'의 의미

'미국화'(美國化)라고 하면 우리는 이민의 전인적(全人的)인 변화라고 단정하기 쉽다. 하지만 실은 미국화라는 과정은 결코 나의 모든 것을 송두리째 뒤바꾸는 전인적인 변화가 아니라는 것을 깨달아야 한다. 미국화란 하나의 인격체가 본인이 속해있는 국체(國體)가 미국임을 분명히 깨닫는 일이다. 진정한 마음으로 미국의 헌법과 법을 존중하며 미국 사회의 풍습이라든가 제도 등을 잘 익히려고 노력하면서, 미국 주민 또는 국민으로 살아간다는 뜻이다. 미국화가 되려면 우선 미국 주민으로서 하지 말라는 것부터 하지 않도록 노력해야 한다. 이러한 변화란 개인의 개성이라든가 지니고 있던 모국의 미풍, 가치관, 또는 윤리 도덕관마저 저버리라는 것은 결코 아니다. 특히 모국의 문화유산은 창달하는 방향으로 유지하라는 것이 미 당국의 기본 방침이다.

미국은 앵글로-색슨(영국계 사람들)이 사회의 주류를 이루던 때가 있었다. 그것을 WASP라고 하는데, White, Anglo-Saxon, Protestant(영국계 백인이며 개신교인)라는 뜻이다. 그 시기에는 미국사회를 Melting-Pot이라고 하였다. Melting-Pot이란 '용광로' 라는 말로 '다인종혼합체' 라는 뜻이었다. 세계 여러 족속이 모여서 동화하여 고유의 문화를 조성한다는 뜻이지만, 실은 모두가 '앵글로-색슨화' 하라는 뜻이었다. 그 후 캐나다에서 1971년에 발상한 다문화주의(multiculturalism)가 세계도처에 전파되자, 미국에서도 '다인종혼합체' 라는 사조는 사라지고 다문화주의를 함양하는 방향으로 전환되었다. 이것을 형용어로 '샐러드 볼 문화' (Salad Bowl Culture)라고 지칭한다. 외국 문화가 서로 자신의 특색은 지닌 채 다른 문화와 혼합이 되어 하나가 된다는 뜻이다. 미국이라는 나라의 국체를 보존 강화하는 동시에 세계 여러 문화를 존중하며, 내 문화의 일면으로 존속케 한다는 미국다운 국시(國是)인 것이다.

이민국에서는 영주권을 받게 된 사람과 시민으로 귀화한 '귀화시민'에게, 당사자들이 거치는 신분변화의 의미를 확실히 인지케 하기 위해서 안내책자를 제공한다. 영주권자를 위한 책자는 "미합중국에 오신 것을 환영 합니다: 신규 이민자를 위한 안내문"이며 영어로는 "Welcome to the United States-A Guide for New Immigrants (USCIS M-617, rev. 09/09)"라고 한다. 이 책자의 서두에는 이민의 신분상 변화를 다음과 같이 설명하고 있다. (이하 인용문은 이 책자의 한국어판에서 인용)

> 미국의 영주권자가 됨으로서, 여러분은 이 나라를 우리나라라고 명명하겠다는 결정을 내린 것이 됩니다. 마치 목표를 향해 정진하듯이, 여러분은 시간을 두고 이 나라와 그 역사, 그리고 사람들에 관한 지식을 터득하여야 합니다. 이제 이 나라의 미래를 만들어 나가고 지금까지의 성공적인 국가 업적을 지켜 나가는 것은 여러분의 권리이자 책임입니다.

'영주권자로서의 권리와 의무'는 다음과 같이 언급하고 있다.

> 영주권자로서 여러분은 미국을 존중하고 미국에 충성하며, 미국 법을 준수하여야 합니다. 영주권자가 된다는 것은 여러분이 새로운 권리와 의무를 갖는다는 것도 의미 합니다.
>
> 영주권자가 된다는 것은 하나의 '특전'일 뿐, '권리'는 아닙니다. 미국 정부는 특정조건하에서 영주권자의 신분을 박탈할 수 있습니다. 여러분이 미국에서 계속해서 거주하면서 일을 하려면 영주권자의 신분을 유지하여야 하며, 후일 미국 시민이 되고자 할

때도 영주권자로서의 신분을 갖고 있어야 합니다.
(이하 생략…)

이 책자에서는 미국생활을 보다 원활하고 의의 있게 하려면 가능한 한 지역사회에 참여할 것을 권장하고 있다.

지역사회에 참여하는 것은 이곳에서의 생활을 편안하게 느끼도록 해줄 것입니다. 또한 여러분이 속한 지역사회는 훌륭한 정보의 원천이 될 수도 있습니다. 여기에 지역사회에 참여하는 몇 가지 방법이 소개되어 있습니다.

- 본인을 이웃에게 소개하고 이웃과 알고 지내도록 하십시오.
- 미국이민들의 정착을 도와주는 지역사회 단체를 방문하거나 그들과 대화를 나누십시오.
- 주거지역의 종교단체에 참여하십시오.
- 지역주민 협회(neighborhood association)에 가입하십시오, 이러한 단체들은 이웃에 영향력을 주는 일을 함께하기 위해 모이는 단체들입니다.
- 지역사회 단체나 학교 혹은 종교단체에 봉사활동을 자원하십시오.
- 영어수업에 등록하십시오. (인용문 끝)

시민권 수여식장에서는 시민권을 새로 받는 '귀화 시민'에게 '미국 시민권 취득 환영(A Welcome to U.S.A. Citizenship)' 이라는 책자를 나누어 준다. 연방 법무부(United States Department of Justice)에서 발행한 것이며 책자의 고유 발행 번호는 M-76(revised 6-1-74)Y이다. 이 책자에서는 시민권의 의미를 다음과 같이 부여하고 있다. (이하는 인용문)

> 귀하가 시민권을 받음으로 생기는 변화는 '육체적인 것이 아니고 정신적인 것(a thing of the spirit-not of the flesh)'입니다. …중략… 귀하는 시민으로서의 귀하에게 주어지는 권리와 부과되는 의무를 이해를 한다면, 귀하의 새로운 나라에 관해서, 그리고 그 이상(ideals), 업적(achievements), 목표(goals) 등을 꾸준히 공부하게 되고 터득을 위해서 노력하게 될 것이며, 결과적으로 시민으로서의 소득을 즐길 수 있게 되고 전통을 이어가는데 참여하여야 된다고 느끼게 될 것입니다.

그리고 이어서 참된 시민(good citizen)이 갖추는 다섯 가지 요인을 자세히 설명하고 있다.

> 1. 참된 시민은 민주주의의 가치를 소중히 여기며, 모든 언행은 그러한 사고방식을 토대로 합니다. 민

주주의 이념을 충실하게 받아 드려야 하며, 민주주의적인 가치관을 터득하고, 인생을 그러한 가치관에 입각하여 사는 것입니다. 그리고 인간의 존엄성과 가치를 존중할 줄 압니다. …이하 생략…

2. 참된 시민은 가정생활이나 학교, 지역사회, 그리고 광범위한 영역에서 민주적인 이념에 입각한 대인관계를 갖습니다. 그리고 가정이나, 학교, 지역사회를 비롯하여 세계 모든 사람은 서로 상호의존(interdependence)의 관계를 갖고 있음을 인식하고 있습니다. 인간관계는 민주적 사회에 합당하게 유지합니다. …이하 생략…

3. 참된 시민은 수시로 발생하는 사회문제를 올바로 인식하고 그 해결을 위하여 노력하며 해결할 수 있는 능력을 지닙니다. 참된 시민은 인종문제, 종교문제, 경제, 정치 문제(국민을 위한 정부의 책임에 연관된 문제)등의 사회문제; 그리고 국제무대에서 미국이 지니는 문제, 자원의 유용한 활용에 연관된 문제; 가정, 학교, 지역사회, 이웃에 연관된 문제 등을 인지하고 해결책을 강구하는데 도움을 줍니다.

4. 참된 시민은 인간의 기본 욕구를 책임 있게 충족할 줄 압니다. 참된 시민은 인간의 기본적인 욕구의 중요성을 인식하며 타인들도 그러한 심정에서 살

수 있도록 노력합니다. 인간은 누구나 다음과 같은 인간의 기본 욕구를 갖고 있습니다.

첫째로 외부로부터의 침공이라든가 외부의 지배, 착취를 당하지 않아야 한다는 방어욕구

둘째로는 사랑과 호의에 대한 욕구

셋째로는 소속 욕과 타인으로부터의 수혜의 욕구; 협동의 욕구; 적절한 보건, 주거생활, 여흥의 욕구; 고차원적인 정신적, 윤리적, 가치관을 갖고자 하는 욕구가 있습니다. 이러한 욕구를 적절하게 충족하지 못하면 정신이상이 생겨서 사회문제를 일으키기 쉽게 됩니다.

5. 참된 시민은 민주사회에서 살 수 있는 지식, 기능(skill), 능력(ability)을 갖고 있습니다. 참된 시민은 독서라던가, 청취(listening), 토론, 관찰 등을 통해서 지식과 기능과 능력을 얻게 됩니다. 그리고 그 기능과 능력으로 현 사회의 구조와 기능, 대의 정치, 압력단체의 영향, 경제 체제의 움직임, 사회계층 그리고 복잡한 사회 전통과 이러한 요인과의 관계 등을 숙지하는 것입니다. 참된 시민은 이상과 같이 얻은 지식과 기능과 능력을 토대로 공공활동(civic action)에 보다 능숙하게 대처합니다. (인용문 끝)

미국은 현대 민주주의의 발상지라고 할 수 있으며 민주주의의 기능을 최대한으로 발휘하고 있는 나라다. 이민은 자유와 정의를 신봉하는 미국의 민주주의에 숙달함으로써 미국 주류에 합류할 수 있게 된다. 그리고 이민 본연의 목적을 달성하여 자유인으로서 행복을 누리게 되고 미국의 유익한 주민의 일원으로 미국에 공헌하게 된다.

우리는 이민법은 어느 나라나 그 나라를 위해서 제정되는 법이라는 엄연한 사실과, 이민은 생소하더라도 그 나라의 법과 풍습을 익혀 이웃으로 하여금 동질감을 갖도록 노력해야 한다는 사실을 잊어서는 안 된다. 이민에게 제일 무서운 것은 '고립'이다. 지역사회에서 따돌림을 받지 않고 고립되지 않으려면, 이상 인용된 이민국의 취지를 잘 납득하고 원만한 '미국화'를 위하여 노력해야 할 것이다.

민주주의는 사상이다. 마음가짐이라는 뜻이다. 입으로만 그리고 형식만을 갖추려는 전체주의 국가에서 살던 경험을 가진 사람들이, 인권을 무엇보다도 중요시하고 생활 자세가 민주적인 사회에서 익숙해지기란 그리 쉽지 않다. 대한민국에서는 '민주화'라는 말을 잘 쓰며 입치레와 말치장은 잘하지만, 실제로 개개인의 마음가짐과 언행이 일치하는지는 잘 생각해볼 문제다.

옛날 말에 꽃을 기르려면 1년이 걸리고 나무를 기르려면 10년을 참아야 하며, 사람을 기르려면 100년이 걸린다고 했다. 사람은 몇 대를 거쳐야 정신구조의 변화가 이루어질 수가 있고 자리를 잡는다는 뜻이다.

해방이 된 지 이제 66년으로 한국의 독립은 쟁취한 것이 아니고 연합국에서 가져다 준 것이다. 뚜렷한 국가관이 확립되어 있지 않고 현대 정부운영의 경험이 없는 상태에서 독립을 하게 되면서 우리의 민주주의는 중구난방이 되었다. 이조시대는 전제왕권 시대였고 일정시대는 전형적인 현대적 독재시대였다. 이러한 뿌리가 완전히 뽑혀지고 국민의 마음이 공정, 공평, 진실을 기반으로 하는 민주주의적으로 거듭나려면 아직도 좀 더 시간이 필요하다. 그러한 환경에서 살던 우리가 미국에 와서 '미국화'를 쉽게 할 수는 없다. 그러기에 의식적으로 노력하면서 민주사상을 기르고 후손들에게 많이 배워서 현지화가 되도록 애써야 할 것이다. 그 기간 동안이라도 우리는 현지인들의 눈에 거슬리는 행동은 삼가 해야 할 것이다.

2008년 12월경 일간신문에 "한-미 경기 때엔 94%가 '모국 응원'"이라는 기사가 실린 적이 있다. 뉴욕에서 대학에 재직 중인 민병갑 교수는 '미국에 사는 한인 1세들의 민족 정체성'에 관해 연구를 했는데, 그 결과 미국 팀과 한국 팀이 운동경기를 하면 미국에 거주하는 한인 1세들은 94%가 한국을 응원한다는 사실을 자신의 저서에서 밝혔다고 한다.

미국의 한국동포들의 민족 정체성을 잘 드러낸 연구라고 하겠다. 하지만 미국에 사는 한인 동포들은 미국을 '내 나라라고 명명 하겠다'는 약속을 한 사람들이기 때문에 미국과 한국 사이에 어떠한 마찰이 생긴다면 미국 편에 서서 미국의 국익을 옹호하는 입장이 되어야 할 사람들이다. 그것은 본인이 본인의 자유의사로 미국이라는 나라와 한 철석같은 약속이다.

이러한 사람들이 운동경기에서는 전적으로 대놓고 한극을 응원하고 있다는 것인데, 이러한 현상을 우리 스스로는 어떻게 받아들여야 할 것인가? 액면 그대로라면 만일 한미관계가 껄끄러워질 상황에 직면한다면, 한인 동포들은 모두 한국 편에 서서 반미활동을 할 위험성이 다분히 있다고 가정해야 할 것인가? 우리는 이렇게 중대한 문제를 어떻게 간과할 수가 있을까?

경우에 따라서는 지난날의 동양인 배척 풍조 같은 물결이 '한인 배척'이라는 형태로 다시금 우리 커뮤니티를 뒤덮지 않으리라는 보장은 없다. 우리는 하루속히 우리의 실태를 철두철미하게 재평가해 보고, 그러한 일이 되풀이 되지 않도록 만전을 기해야 할 입장에 서있다.

미국은 누구를 믿어야 할까? 이민은 미국의 소중한 인적 자원이다. 미국을 내 나라라고 명명하였고 일단 유사시에는 미국을 지킬 책임을 갖고 있는 사람들이 바로 이민이다. 그리고 이민은 복지혜택도 받고 주민 대우도 받고 있다. 한국 속담에 '믿는 도끼에 발등 찍힌다' 는 말이 있듯이 중국 사람들은 같은 뜻을 '면종복배(面從腹背)'라고 표현한다. 겉으로는 복종하고 속으로는 배반한다는 뜻이다. 위와 같은 응원양상이 면종복배 현상이라고 가정한다면, 우리는 무서운 결과를 예상하지 않을 수 없다.

한인사회

미국에 이민 온 한인들은 한인들끼리 어떠한 단체를 만들어서 같이 온 것이 아니고, 입국해서도 한인사회라는 공동체에 가입해서 생활을 영위해 온 것도 아니다. 어디까지나 각자가 개인자격으로 본인의 살길을 모색해서 와서 본인 의사대로 자리를 잡고 본인의 힘으로 살아가는 사람들이다. '각자도생'(各自圖生)이라는 말이 있다. 각자 스스로 살 방법을 꾀한다는 뜻인데, 그것은 곧 이민의 좌우명이라고 할 수 있다. 어떠한 동기가 이민이라는 길을 택하게 했는지는 몰라도 일단 미국에 정착하면 주민으로서 제대로 된 대접을 받아가며 입신해야 하는 것이다.

'나'라는 개인은 미국이라는 나라를 구성하는 하나의 인자이며 민주국가의 자유인으로서 독립된 개체다. 미국의 통치권에 복종하며 살고 있는 영구적인 미국의 소속원인 것이다. 주민으로서의 나의 권리는 정부에서 보장해 주고 있으며, 한인이라고 해서 특별히 차별대우를 받고 있는 것도 아니다. 우리는 이러한 입장에 있으면서 우리와 연관이 없다고는 할 수 없는 한인사회의 실태를 좀 더 자세히 알아야 하겠다.

한인 사회는 유기적인 단체가 아니다. 체계적인 관계로 엮어진 조직이 아니라는 뜻이다. 혹시 지도상 로스앤젤레스에서 보듯이 어떠한 고장에 'Korea Town'이라는 표시가 되어있다면, 그 지역은 한인들이 관리 운영하는 구역이라는 뜻이 아니고 '한인이라는 소수민족이 많이 모여 사는 곳' 이라는 의미 이외에는 아무 뜻이 없다.

우리는 자주 '한인사회'라는 말을 들으면서 살고 있다. 한인사회를 대표한다는 사람이나 단체도 보게 되고, 한인사회의 권익을 위해서 헌신하고 있다는 사람, 한인사회의 장래를 위해서 산다는 사람 등 많은 인사들도 목격한다. 하지만 이러한 한인 1세들이 하는 일이 한인들에게 어떠한 의미를 주며, 사회적으로는 어떠한 의미나 영향을 갖는지 곰곰이 생각해볼 필요가 있다.

근래 한국에서는 이민에게도 한국 선거권을 부여한다는 법을 만들어 적지 않은 동포들을 현혹(眩惑)시키고 있다. 한인의 정치력 신장이라는 구호가 나돌게 되었으며, 이러한 정치열기의 탓인지는 몰라도 한인들의 미 정계진출에 관한 이야기도 심심찮게 나돌고 있다. 교민의 정치적 영향력을 확대하여 미국 한인사회의 발전을 꾀한다는 식으로, 마치 미국 한인의 한국 정계진출이 한인사회를 위한 것이고, 또 한인 사회가 정계 진출의 디딤돌이나 되는 양 호언들을 하는데 무언가 잘못된 것이 아닌 가 염려스럽다.

현재까지의 실적을 살펴보자. 오늘날 정계에 진출하였다는 한인들이 한인들의 결속된 힘만으로 진출이 가능했던 것인가? 민선관직인 경우 유권자들이 입후보자가 한인이라고 밀어준 적이 있는 것인가? 이중 언어의 필요가 없는 상태에서 입후보자가 한인이라고 특별히 채용된 일이 있는가? 세상에 알려진 분명한 그들의 성공 요결은, 자신들이 한국인이었기 때문이 아니라 개인의 역량 때문이었다는 사실이다. 그리고 사람들은 한국계의 정계진출이 한인을 위한다든가 한인을 대변하기 위한 것이라고 생각하는데, 그야말로 어불성설이다. 여기는 한국이 아니고 미국이라는 엄연한 사실을 한시라도 잊어서는 안 된다. 미국의 인재가 되려면 미국을 위하는 사람이 되어야 한다는 뜻이다.

현재 동양인 정부요인으로서 가장 상위에 있는 사람은, 일본계 2세 다니엘 이노우에(Daniel Ken Inouye)로 연방 상원 공동의장이다. 그는 제 2차 세계대전 때 육군 장교로 최전방에서 전투를 하던 중 부상을 입어 한쪽 팔을 절단한 역전의 용사다.

그는 미국 상원의원직을 47년간이나 계속 유지하고 있는 이름난 정치인인데, 그럼 이 이노우에 의원이 일본사회를 위해서 일한 인사인가 아니면 일본 사회를 대표하던 인사인가? 일본계 미국인이지만 미국을 위해서 생명을 걸고 전투를 하였고 미국을 위해서 정치를 하였기 때문에 미국의 인재로서 지금의 영광을 차지하게 된 것이다. 이분이야말로 이민의 바람직한 동양인 롤 모델로, 우리 이민은 정신을 가다듬고 다시 한 번 이분을 통해 이민의 참 뜻을 신중히 생각해보아야 하겠다.

한인사회를 위해서 일한다는 이들의 상투어는 '한인의 권익 증진'이며 '한민족 위상 재고'이다. 그런데 현재 한인들이 한인이기 때문에 찾지 못하는 권익이 그리도 많은 것일까? 미국의 주민으로 살고 있는 사람이라면 찾지 못하는 권익은 본인과 정부 사이의 문제이다. 문제가 생기면 당연히 정부의 관계부처를 대상으로 직접 풀어야 하는 것이 마땅하지 않겠는가? 혹시 한인 이민이 집단적으로(collectively) 차별대우를 받는다든가 천대를 받는다면, 이 문제는 외교 문제로서 성격이 달라지는 만큼 한국 정부에서 나설 일이다.

미국으로 이민 온 우리는 싫건 좋건 스스로 한국계-미국인(Korean-American)으로 변모해야 했고, 자손들이 모두 미국인으로 태어나서 미국을 무대로 입신출세하기 위해 노력하고 있다. 그러한 처지에 '정체성'은 왜 그리도 내세워서 아이들의 발

목을 잡고 있는지 곰곰이 생각해보자. 이민 1세건 2세건 할 것 없이 우리는 누가 뭐래도 한국인인 것을 자각하고 살고 있다. 한국인이 자랑스러워서 그러는 것도 아니고, 그러고 싶어서 그러는 것도 아니다. 우리는 그렇게 태어났기 때문에 자연적으로 그런 것이다. 그리고 남들도 다 그렇게 알고 있다. 그런데 특별히 정체성을 외쳐야 할 이유가 어디에 있냐는 것이다.

영어가 잘 안 통하는 층인 이민 1세들은 자손들이 한국말을 잘하였으면 하는 염원을 갖게 되는 것은 당연하다. 이런 경우 가정에서는 우선 대화가 잘 안되니 불편하고, 또 본인들의 자손이 모국어를 못하는 것을 보면 어쩐지 섭섭하고 서운해서 귀한 시간을 할애해서 한국 학교 또는 한글학교라고 부르는 주말학교에 보낸다. 그러한 학교에서 말도 익히고 글도 배워서 잘 쓰는 것을 보면 참으로 대견하다. 이러한 과정을 거치는 어린이들도 성장과정에서 한국어가 서툴어지거나 환경여하에 따라서는 거의 잊어버린 상태가 되는데 그렇다고 너무 아쉬워할 일은 아니다.

한인들은 한인이면서도 한국말을 못하면 한국인임을 망각했다고 단정하고 그 사람은 무슨 큰 죄나 진 것같이 여기는 속성이 있는데, 과연 그러한 사고방식이 올바른 것인지 생각해보자. 이민 1세들은 한국말을 잊어버리려고 해도 잊어버려지지가 않는다. 하지만 미국서 태어난 2, 3세들은 어려서 한국 학교에 다녔어도 학교적령기가 되면 학교에서 영어만 쓰고 친구들하고도 영어만 쓰게 된다. 차차 한국말하고는 멀어지게 되고 한국말보다 영어가 더 쉬어지면서 영어만을 선호하게 된다. 그러면서 드디어 그들은 자신들이 일생동안 몸과 마음을 바쳐서 일하고, 인생의 목표와 행복을 추구해야 하는 영어권에 섞여서 살게 된다. 다시 말해 제 물에 섞이게 된다는 뜻이다. 이것은 자연적인 추세로, 미국에서 영구적으로 살겠다고 이민한 탓에 생기는 당연한 결과다. 이러한 영어권 사람들한테 정체성이요 민족정신이요 해 보았자 무의미한 일이다.

이민을 와서 미국이라는 나라에서 대성해야 하는 사람들에게 정체성을 강조할 이유는 어디에 있는지를 생각해보자. 미국으로 이민을 와서 후손들을 미국사람으로 만들어 놓은 것은 바로 이민 1세 자신들이다. 그러한 것이 원하는 바가 아니었다면 한국으로 돌아가면 되지 않겠는가? 우주 삼라만상은 조물주가 마련한 환경에 맞추어 존재하게 되어 있다. 미국사람으로 살겠다고 약속하고 미국 사회에 흡수되어 살아야 하는 이민이, 한국인으로서의 정체성을 고집하고 찾는다는 것은 부정직한 일이다.

이러한 문제들을 놓고 우리가 명심해야 할 것은 인간은 시간과 싸워서 이길 수는 없다는 사실이다. 한국계건 일본계건 누구이건 한 곳에서 토착민으로 오래 살게 되면 본인들의 민족계열이 문제가 되는 것도 아니고 찾아야 할 이유도 없어진다. 나중에는 혼혈아도 부지기수로 생기고 출신민족이 생물학적으로 모호해지기도 한다. 연방 인구조사국의 통계에 의하면 미국 백인의 75%가 본인의 혈통(민족)에 관심이 없으며 '본인은 미국 백인'이라고 대답한다고 한다. 동양인이라고 예외가 될 수 있겠는가?

여담으로 간단한 예를 들어보겠다. 미국에 일찍이 와서 동부에 자리를 잡은 필자의 친구이야기다. 2남 2녀를 두고 있는 단란한 가족인데, 자손들이 한인 이웃이 거의 없는 동부 외진 곳에서 자라났기 때문에 한국말을 한마디도 못한다. 그렇다고 본인들이 자신은 한국인이 아니라고 하지는 않는다. 그들이 다 커서 결혼을 했는데 아들 하나는 아일랜드계 백인과, 또 한 아들은 중국계 여자와, 첫째 딸은 영국계 백인과, 둘째 딸은 백인인데 혈통이 복잡해서 "나는 미국 백인이요"라고 하는 사람하고 결혼했다. 그 댁에는 현재 9명의 손자 손녀가 있다. 이러한 경우, 그 댁의 손자손녀들은 커가면서 본인의 정체성(identity)을 어떻게 표현할까? 당장 이민 1세가 살아있는 동안에 벌써 그 자손들의 정체성(identity)이 모호해졌다.

제 5장

참 정

지금까지 살펴본 이민의 본질에 입각하여, 요즘 한참 한국정부에서 시행 문제를 놓고 논의 중인 교민 참정문제의 타당성을 검토해보도록 하자. 이 조치는 미국 내에서의 합법성도 의심이 되지만 평범한 이치에도 어긋난다고 보아야 할 것이다. 우리는 미국이라는 한국의 식민지에 본국으로부터 이주(移住)해 와서 한국의 통치권(jurisdiction) 아래서 사는 사람들이 아니다.

미국이민은 미국의 이민정책에 의해 미국정부가 특전을 베풀어서 받아들인 미국 주민이고, 미국의 '법질서(jurisdiction)' 속에서 미국 국민에게 베풀어지는 각종 혜택을 받으며 미국이라는 주권국가에 예속되어 생활하고 있는 개체이다. 이민은 한국정부의 지시나 허락을 받아서 온 사람들이 아니고, 천부의 권리(unalienable rights)를 소유하는 민주국가의 자유인으로 자의에 의해서 한국을 영구히 떠난 사람들이다.

한국이민은 미국이라는 나라의 매력보다는 모국에서 떠나지 않으면 안 되게 하는 이유가 더 많았기 때문에 떠난 사람들이태반이다. 이민은 모국을 떠난 이유가 무엇이든 간에 국내에서 나에게 주어진 환경을 피해서 온 사람들이다. 피하고 싶어서 피했다기보다는 피하지 않으면 안 되었기에 떠난 사람들이 많다고 할 수 있다. 즉, 이민은 모국을 등지고 떠난 사람들이라는 뜻이다. 그런 사람들이 모국의 일에 왈가왈부할 수 있겠는가? 그리고 이들은 국가에 대한 의무를 하나도 이행하지 않은 외국주민이다. 그럼에도 불구하고 유독 참정권만은 부여한다는 것인데 그 이치를 알 길이 없다.

한국의 헌법 재판소는 국민의 의무와는 관계없이 '참정은 국민의 기본권'임으로 이민도 행사를 해야 한다는 것인데, 이는 이치에 어긋나는 판례다. 이민은 상대국에서 귀화할 때까지는 영주권만을 갖고 시민권은 가지지 못함으로, 모국의 여권을 소지하고 있으면서 무국적자가 아닌 것을 입증하게 된다. 영주권자의 모국 국적은 실제적인 것이 아니고 증명을 위한 국적이다(제1장 개요 참조). 영주권자는 시민은 아니라도 소속국가는 미국으로 한국 국민이 아니다. 한국 국민이 아니므로 한국에서의 기본권도 상실한 상태이다.

참정이란 항상 나라 일에 관심을 갖고 일상생활을 영위하며, 실생활을 통해서 조성되는 본인의 정견을 투표를 통해서 반영하는 정치적 수단이다. 연속성을 지니는 절차로 항상 필요한 정보에 접하고(keep informed) 국민의 동향을 감지(感知)하면서 살게 되어 있다. 나라의 일원으로 나라와 같이 호흡해야만 참정의 자격이 있고 의의가 있다는 뜻이다.

이민은 실제적으로 한국국민으로서의 자격을 포기했고 이상과 같은 요건을 갖출 수도 없는 입장에 있다. 이러한 사람들이 던지는 '표'도 민의를 대표한다고 가정한다는 것은 언어도단이라고 할 수 밖에 없다. '민의'라는 말 자체가 '국민의 뜻' 이다. 외국인에게 투표를 시키는 것과 다를 바 없는 이민의 참정제도는 폐기하는 것이 합당하다.

영주권자는 한국 국적을 갖고 여권도 갖고 있기 때문에 한국국민이라고 하는데, 한국의 영구적인 소속원도 아니고 통치권에 절대 복종하는 입장도 아니므로 국민의 정의(定義) 상 한국 국민일 수가 없으며, 갖고 있는 국적은 실효가 없는 국적으로서 유명무실한 것이다.

한 국가가 동원계획(National Emergency Plan)을 세울 때

이민은 나라의 인적 자원으로서 국력형성 요소가 되지 않는다. 지금 대한민국 정부의 동원계획을 관장하는 부서에서는 이민 온 사람들도 일단 유사시에는 동원되는 것으로 가정하고 있는 것이 아닌지 의심이 된다. 그렇지 않고서야 어떻게 이민을 '재외국민'이라고 할 수 있겠는가? 이민은 정의(定義)상 그리고 실제적으로도 모국 국민이 아니다.

선거의 기본원칙은 나에게 영향을 줄 민선 공직자를 선출하는 데 참여한다는 것이다. 대통령도 나에게 직접적인 영향을 주는 사람이고 내가 속한 선거구에서 선출되는 국회의원도 나에게 직접적인 영향을 주는 사람이기에 내가 관여하는 것이다. 이민 온 사람들은 한국의 여권을 가지고 있건 안 가지고 있건 간에, 한국의 대통령이나 어떤 국회의원의 영향을 받는 처지가 아니어서 한국의 정치하고는 아무 상관이 없다. 그런데 한국 국회에 나를 대표할 사람이 왜 필요하다는 것인가? 그러기에 이민의 모국 선거는 실로 무의미하며 문제의 소지만 가지고 있는 것이다.

미국의 Uniformed and Overseas Citizen Absentee Voting Act(UOCAVA)란, 해외에 파견중인 군인을 비롯한 외교관 등 해외거주 미국인들이 총선거에 투표권을 행사할 수 있도록 하는 법이다. 하지만 연방정부 민선 직에 한해서만 할 수 있으며, 본인의 주 및 그 이하의 행정단위의 직분에 대한 선거에는 원칙적으로 참여를 못하게 되어 있다. 호주(Australia)에서는 해외 거주 국민에게 투표권을 부여하기는 하지만, 해외에 1년 또는 그 이상 거주중인 자는 투표에 참여치 못하게 한다.

미국도 그렇고 호주도 그렇고 해외에 거주한 국민은 국내정세에 어둡기 때문에 투표의 범위를 제한하거나, 장기간 해외체류자는 아예 투표를 못하게 하는 것이다. 이러한 예를 보아도 모국을 영영 떠났으며 모국의 정치와는 아무 관계가 없는 이민에게 투표를 시킨다는 것이, 얼마나 비합리적이며 부당한 처사인지를 분명히 알 수 있다.

투표가 강행될 경우, 한국의 웬만한 정당은 미국에 진출하여 상주 사무실을 가져야 하고 현지동포들로 조직을 만들어야 한다. 과연 미국에서 법적으로 외국의 정당이 이민을 대상으로 정당 활동을 할 수 있다는 것인가?

한국의 공직선거법에서는 '재외 국민을 대상으로 하는 선거운동'에 다음과 같은 제한을 두고 있다. (이하는 UCI 교환교수인 박상철 교수가 지적한 사항 - 2010.7.13. 한국일보기사에서 발췌)

> 공직선거법에 따르면 재외국민을 대상으로 하는 선거운동은 다음과 같이 제한하고 있다.
>
> ⑦ 인터넷
>
> ⑦ 홈페이지
>
> ⑦ 위성방송 시설을 이용한 방송
>
> ⑦ 전화를 이용하거나 말로 하는 선거운동
>
> 이에 따라 미주를 비롯한 해외의 한인들이 정보취득에 많이 사용하는 신문이나 인쇄물 등을 통해 선거운동을 하거나 정보를 제공하는 것은 아예 허용되지 않는다는 것이다.

이러한 법이 있어도 모 당에서는 2009년 5월에 그 당의 수뇌 인사가 방미한 길에 '포럼'이라는 이름으로 19명의 북 캘리포니아 지역 자문위원을 위촉하고 신문 공고도 크게 냈다. 그리고 모당의 최고위원이라는 이는 2009년 1월 미국을 방문한 길에 기자회견을 하고 비례대표를 둘 것이라는 발언을 하는 등 자당의 당세 확충을 위한 활동이라고 단정하지 않을 수 없는 일을 하고 갔다.

한국 국내에서도 선거법 위반은 다반사로 일어나고 있다. 하물며 한국통치권이나 거주국의 사법권의 영향을 받지 않는 상태에서 어떤 종류의 위법행위가 자행되어 이민사회를 얼마나 어지럽게 만들어 놓을지는 예측하기 어렵다.

무엇보다 가장 중요한 것은 한국의 선거법을 미국 내에서 적용할 수 있느냐는 것이다. 선관위가 마련 중이라는 부정투표의 처리안 일부가 발표된 것을 보면(2010.7.15. 한국일보), '현지영사가 피의자를 조사해 진술서를 작성하고, 수사관이 인터넷 화상통화로 현지 피의자를 조사할 수 있게 하며 전자법정 등을 통해 피고인의 조서 증거능력을 인정…'한다고 한다.

부정투표가 확인되면 여권을 무효화 한다는 것이다. 한국의 사법권을 미국 내에서 행사한다는 것과 같은 이야기인데, 미국의 통치권을 침해하는 것은 아닌지 염려스럽다. 어떠한 시각에서 고찰을 해보아도 무의미하고 비합리적인 이민의 선거참여를 어찌해서 한국정부에서는 강행을 하겠다는 것인지 그 저의를 이해할 수가 없다.

이민의 선거참여를 억지춘향이를 연출하면서까지 고집하는 이면에는 모종의 득표음모(得票陰謀)가 숨겨있는 것은 아닌 가 의심하지 않을 수 없다. 공직선거법 개정안에서는 재외선거의 선거운동에 지출되는 국회비용은 선거비용으로 간주하지 않는다고 한다. 혹시 각 정당이 해외에서 사용하는 선거비용은 쉽게 조작이 될 수 있는 만큼 얼마든지 남용할 수 있으므로 결판을 돈으로 내보자는 것은 아닌지 의심스럽다. 그리고 정부에서는 공관을 통해서 조종할 수 있는 정권수호 전위대격인 단체들도 있고 하니 그 힘을 믿고 있는 당도 없지 않으리라는 것이다.

또한 교민 중에서 비례대표까지 두겠다고 하는데, 지금 미국에 와 있는 이민은 한국교포사회라는 유기적인 공동체에 속해 있는 사람들이 아니다. 한국 당국에서 재미 교민을 집단적으로 한국의 정치/행정단위로 정의하고 있다면 큰 오산으로 큰일 날 노릇이다. 비례대표는 어떤 정당이건 정당에 소속되어 있는 사람 중에서 선출하는 것이다. 그렇다면 이민사회에 한국의 정당이 존재한다는 뜻인데 그야말로 기막힌 소리가 아닐 수 없다.

거듭되는 이야기지만 미국에 와서 사는 이민은 각자가 임의로 와서 살고 있다. 한국의 정치와는 무관한 사람들이고, 또 그래야 하는 사람들이다. 미국에 이민 온 사람들이 한국 국회에 대표를 두어야 할 이유는 어디에 있으며, 한국 정치를 놓고 왈가왈부할 필요는 왜 있는 것인지 위정자들은 분명히 밝혀주어야 할 것이다.

미국사람이 되라고 받아들인 사람들이 돌아서서 다른 나라의 정치에 관여하며 정당 활동을 한다면, 어느 나라에서 그냥 두겠는가? 미국에 와서 사는 이민은 미국 국민으로서 자손을 미국 학교에 보내고, 이 학생들은 매일 아침 미국 국기에 대한 충성맹서를 하고 있다. 미국에서 뿌리를 내리며 살고, 죽어도 미국 땅에 묻혀야 하는 이민이다. 그런데 이민을 한국 정치의 대상으로 생각하는 대한민국 정계나 정부의 처사가 너무도 어이가 없어서 심히 염려가 된다.

지금까지 우리 동포사회에서는 참정권이라던가, 이중국적, 평통 등에 관한 화제가 나오면 중론이 무조건 찬성 쪽으로 기울어졌다. 듣기 좋은 제목, 나하고는 직접적인 관계가 없으며 내용도 잘 모르는 사안에 대한 대중의 반응은 언제나 찬성 아니면 묵인이다. 특히 이러한 문제에 관해서는 그 실효와, 허점, 부작용, 득실, 여파 등에 관해서 거론하는 사람이 별로 없었기 때문에 당연한 귀추라고 할 수 있다.

한국 정부가 시민권자이건 영주권자이건 어떤 동포에게도 정치적인 지시나 사회생활의 간섭을 하는 일은 있을 수 없다. 미국은 태평양 전쟁이 터지자 미국 시민권자나 영주권자나 구별없이 총망라해서 110,000명이라는 일본계 주민들을 강제 수용소에 수용시켰다. 그들이 종전 시까지 수년 간 고통스럽고 치욕적인 생활을 한 사실을 우리는 잊어서는 안 된다. 서부의 일본계 주민이 정신적으로 일본 본국과 너무나 가까운 거리를 두고 있었기에 야기된 사건으로, 이민은 미국 정부나 국민들의 빈축사는 일을 해서는 안 된다는 뜻이다.

America
Korea

제 6장

이중국적

이중국적을 가지면 두 나라의 사법권(jurisdiction) 하에서 살아야 한다. 일신상 중요한 일이 있을 때마다 두 나라의 법을 염두에 두고 처신을 잘해야 한다. 출입국을 좀 편하게 해 본다든가, 한국에 놓고 온 재산매매에서 다소의 득을 보아야 하겠다든가, 양쪽 어디서나 살 수 있는 특전 등 몇 가지의 이득을 보려는 뜻으로 발상한 사안 같다. 이민 와서 사는 사람들 중에 그러한 편의를 갈망하는 사람이 과연 몇 명이나 되는지 생각을 해보았는가? 만일 있다고 해도 극소수에 불과할진데, 그러한 몇 사람을 위해서 문제의 소지가 많은 2중국적 제도를 채택해야 하는지 재고해야 할 것이다. 2중국적은 일반이민들에게는 긁어 부스럼만 만드는 애물이 될 수 있다.

미국에서는 19세기와 20세기 초까지 여러 나라와 시민권 협정(citizenship treaties)을 체결하고 2중국적 소유를 불법화하였다.

이러한 협정을 'Bancroft treaties'라고 하며, 협정을 입법화하는 데 주도적인 역할을 한 미국 외교관 George Bancroft의 이름을 따서 명명한 것이다. 협정의 내용은 미국 시민권을 취득하면 모국 정부에서는 자동적으로 그 사람의 모국 시민권을 상실하게 하고, 미국인이 다른 나라에 가서 그 나라의 시민이 되면 미국 측에서 자동적으로 그 사람의 미국 시민권을 박탈한다는 것이었다.

그러나 대법원에서는 2중국적으로 인한 법적 문제가 야기되면 2중국적을 묵인 또는 허용하는 판례를 종종 남겼다. 그 때문에 2중국적이 점차 묵인되는 선으로까지 발전했는데, 이러한 법조계에서의 풍토로 인해 1967년에는 2중국적을 불법으로 취급한다는 법은 철회되었다. 하지만 미국국무성에서는 2중국적을 허용한다기보다는 묵인한다는 선에서 업무처리를 하고 있다.

미국 시민권을 받을 때 선서에는 모국에 대한 충성심을 완전히 그리고 철저하게 포기한다는 구절(renunciatory statement)이 있는데, 모국에서는 그 구절을 인정을 하지 않는다는 자세로 모국 시민권을 그대로 유지하게 하는 경우도 있다. 미국의 법과 모국의 법이 상치(相馳)되는 경우이다. 이러한 일련의 역사적인 사실을 볼 때 2중국적 또는 다국적 소유에 관해서는 언제나 문제가 있었다.

때문에 2중국적을 고려하려면 2중국적에서 발생하는 득실(得失)을 신중히 고려해야 한다. 대수롭지 않은 이익의 추구가 미국 시민권의 상실이라는 모험을 하면서까지 이루어져야 하는 것인지 심각히 생각해볼 필요가 있다.

우선 준법에 관한 문제이다. 2중국적자는 두 나라의 법을 지켜야 한다. 한국은 징병제이기 때문에 적령(適齡)의 가족이 있으면 한국 군대에 보내야 한다. 개인소득에 대한 세금을 한국에도 내야 할지 모른다. 여행을 할 경우 미국서 출국할 때는 미국 여권을 써야 한다. 이것은 법이다. 반면 한국에 입국하려면 한국 여권으로 통과해야 한다. 그래야 한국 내에서 한국인 행세를 할 수가 있다. 이러한 경우 혹시 무슨 일이 생겨서 미국대사관의 보호를 받으려고 해도 미국 대사관에서는 손을 쓸 수가 없다.

법적으로 본인이 한국에 있는 동안은 한국 국민이지 미국 시민이 아니기 때문이다. 2중국적 소유자는 모국에서는 재외 동포가 된다. 어디에 있거나 한국 정부의 법을 따라야 한다. 그러한 것이 성가시기도 하겠지만 미국의 국시에 어긋날 경우에는 문제가 생긴다. 꿩 먹고 알 먹는 일이 그리 쉬운 것은 아니다.

만에 하나 미국과 한국의 외교관계가 악화되거나 적대시 하는 입장이 되면, 2중국적자는 '적성국가 국민(enemy alien)'이 된다. 미국에서는 2중국적자의 외국 국적을 미국 국내에서 묵인하기는 하지만 인정은 하지 않는다. 갖고 있으나마나다. 그러나 외교 관계가 악화되면 2중국적자는 미국 시민권을 갖고 있더라도 공공연하게 적성국가의 국민으로 낙인이 찍힌다.

그러나 미국 시민권만을 갖고 있는 단일 국적자는 적성국가의 국민이라는 테두리에서 벗어나게 된다. 적대 국가가 모국이라도 미국 측에 서서 모국을 적으로 간주하는 입장이 되기 때문이다. 미국의 시민권 선서에서는 이점을 분명히 하고 있다는 사실을 귀화 시민은 누구나가 명심해야 할 것이다.

부모나 본인이 국적법(國籍法)상 혈통주의(Jus Sanguinis) 국가 출신이기 때문에 본인의 의사와 관계없이 모국의 국적이 쫓아다닐 경우라도, 본인이 모국 국적을 전혀 활용한 일이 없거나 2중국적자라는 것을 주장하지 않으면 미국시민으로서 살아나가는데 별 지장이 없다. 그러나 모국의 여권을 발급받은 일이 있는 정도만 갖고도 모국 국적을 활용한 자로 인정이 된다는 점을 명심하여야 할 것이다.

부모나 본인이 2중국적자일 경우 받는 가장 큰 불이익은 '기밀취급자격(security clearance)'을 받으려고 할 때 결격자(缺格者)로 낙인이 찍히는 경우다. 미국서 국방부, 국무부, 상무부 등 각급 연방 관서나, 정부와 서비스 또는 납품계약을 갖고 있는 회사에 취직을 하려면 '기밀취급자격'을 가져야 하는데, 신원조회 과정에서 2중국적자라는 것이 알려지면 결격이 되어 취직을 못하게 된다.

미국의 대회사는 정부와 관계되는 일을 안 하는 데가 거의 없으며, 중소기업체들도 대폭 정부계약 일을 하고 있기 때문에 2중국적자나 그 자녀는 일단 그러한 직장이나 관공서에 취직할 수 있는 길이 막혀 있다고 보아야 한다. 미국에 사는 이민 1세들은 후손들이 좋은 교육을 받고, 미국 어떠한 곳이나 어떠한 분야에서나 중진으로 코리안-아메리칸의 위신을 세우며 활약하는 모습을 보는 것이 낙(樂)일 진데, 어찌해서 2중국적이라는 난데없는 장애물을 갖고 들어와서 앞길을 막으려는지 이해할 길이 없다.

대한민국 정계의 어떤 중진이 미국을 방문한 길에 '이중국적을 우수 인재들에게 제한적으로 허용하는 방안'이 연말까지 법안으로 제출될 것이라고 언급한 바 있다. 2중국적 대상자는 해석여하에 따라서 그 범위가 무한정으로 확대될 수 있는 만큼, 일단 대한민국여권을 갖고 외국에 나가서 그 나라 시민으로 귀화한 사람이나 그 직계자손으로 한정해서 생각해보자. 대한민국 정부방안은 우수한 인재에 한해서 2중국적을 교부한다는 것인데, 그러면 해외동포를 우수한 자와 우수하지 못한 자로 구분하는 차별대우를 하겠다는 이야기가 된다.

대한민국 헌법 제11조는 다음과 같이 규정하고 있다.

① 모든 국민은 법 앞에 평등하다. 누구든지 성별, 종교, 또는 사회적 신분에 의하여 정치적, 경제적, 사회적, 문화적 생활의 모든 영역에 있어서 차별을 받지 아니한다.

② 사회적 특수계급의 제도는 인정되지 아니하며, 어떠한 형태로도 창설할 수 없다.

국적은 국가의 구성원이 되는 자격이다. 즉, 국민임을 입증해 주는 증명과 같은 것인데, 국적에 등급이 있을 수 없다는 것은 헌법에서 강조되어 있다. 대한민국 정부에서는 2중국적문제를 어떻게 처리할 것인지 예상할 수 없지만, 여하튼 이민자들은 아주 특별한 경우를 제외하고는 2중국적은 생각지 않는 것이 좋을 것이다. 누구나 미국서 정상적인 일상생활을 영위하는 입장이라면 2중국적은 애물역할만 할 뿐이기 때문이다.

제 7장

민주평화통일자문회의(평통)

이민의 외국을 위한 정치활동은 자멸(自滅)을 초래하기 쉽다. 이민의 목적은 미국이라는 나라에서 Korean-American이라는 특전을 부여받고 좀 더 잘 살아 보겠다는 것이다. 그런데 외국의 국익(國益)을 위한 활동은 왜 해야 하는 것인가? 평통을 숭상하는 사람들은 이민에게는 한국이 외국이라는 것을 몰라서 그러는 것인지, 알면서도 미국의 통치권을 대수롭지 않게 여겨서 그러는 것인지, 아니면 분수에 맞지도 않는 애국심이 발동이 되어서 그러는 것인지는 모르겠지만, 어렵게 얻은 미국의 거주권(시민권과 영주권)까지 걸어놓고 나서는 이유를 모르겠다. 잘못하면 미국에서 쫓겨날 수도 있다는 뜻이다.

일반 대중이야 이러한 문제가 외교적으로 어떠한 implication(含蓄意: 함축된 뜻)을 갖는지를 잘 모를 수 있다손 치더라도, 대한민국 정부에서야 어찌해서 이러한 문제를 묵시하고 있는지 이해가 가지 않는다.

(1) 주미 한국 공관에서 미국의 영구적인 소속원이 된 동포들을 한국헌법기구의 일원으로 임명을 하고 조직적으로 한국의 국익을 위한 활동을 종용한다든가,

(2) 이민으로 받아들인 미국의 주민은 엄연한 미국을 위한 존재이며 미국의 통치권에 절대복종 하면서 살게 되어있는데도 불구하고, 한국정부에서 좌지우지 통치권을 행사함으로서 이민을 당혹하게 하고 있다.

이러한 것은 주권 침해로 외교문제가 되지 않을 지 한국정부는 문제가 더 커지기 전에 심각하게 대처를 해주었으면 한다. 암은 초기에는 별 증상이 나타나지 않지만 시간이 가면서 발작을 일으켜 환자를 생사의 기로까지 몰고 간다. 저자는 미국의 정규 대학에서 국제정치학을 공부한 바 있고, 젊어서 미 공군(USAF) 정규 정보학교에서 교육을 받았다. 또한 국제적인 기업체의 임원으로 세계 각국에 나가서 살면서 국제거래를 본업으로 삼았던 베테랑으로서, 재미 평통이 아무래도 교포사회의 암 같은 존재로 보여서 마음이 놓이지 않는다. 이 문제는 이민의 안위에 직접 관계되는 문제이고 터지기만 하면 무서운 결과를 가져올 것이 불을 보듯이 뻔하니 요로에서는 신속히 열의 검토해서 대처해야 할 것이다.

대한민국은 한국 정착의 역사가 아주 오래된 한화교(韓華僑)들에게 자장면 값, 물만두 값마저 간섭하면서 이민에 대해 신경 쓰는 나라다. 그리고 고용주들은 외국인들을 혹독하게 다룬다. 그러한 나라에서 외지로 이민 가서 그 나라 사람이 되어 잘 사는 사람들을 어쩌자고 선동해서 위태롭게 만들려는지 이해가 가지 않는다. 교민의 안위는 안중에도 없어서 그러는 것인지 이민의 실태를 몰라서 그러는 것인지 분간하기가 어렵다.

한국의 국제무대에서의 경험은 짧다. 이조 말엽의 외교활동은 극히 미미했으므로 논외로 친다면 신생 한국의 외교사는 60여 년 밖에 안 된다. 세기를 두고 외교무대를 만든 구미 각국에 비하면 아직 초년생이다. 주미 한국대사관이 설치된 해는 1949년 2월이고 주영 대사관은 1950년 2월에 설치됐다. 일본의 경우는 1949년 주일대표부라는 기관이 일본에 나가 있었으나 대사관으로 승격이 된 해는 1965년 12월이다. 그리고 대한민국이 유엔 회원국이 된 해는 1991년 9월로 유엔 46차 총회의 결의로 이루어졌다. 불과 20년 전 이야기다. 유엔 가입국 순서는 161번째로 북한과 동시에 가입되었으며 북한은 162번째 국가다. 유엔의 현재 회원국 수는 192개국이니 유엔의 역사로 보아도 한국의 위치는 미약하다.

한국의 외교사는 외무부라든가 중요국가에 공관을 설립할 때 창설요원으로 참여한 세대가 아직 생존하고 있을 정도로 짧고 연약하다. 이러한 미숙한 배경을 참작한다면 평통 같은 조직을 다른 주권국가에 갖고 나와서 천연덕스럽게 세우는 것까지는 봐줄 수 있다고 해도, 그런 처사가 잘못되었다는 사실을 알아차리는데도 오랜 시간이 걸리는 것은 이해하기 어렵다. 만일 이것이 시행착오라 해도 그 기간이 너무 길어 시효를 넘기고 있는 것만 같다. 아직도 이문제가 외무당국에서 논의된 일이 없다면 한국 외무기관의 신빙성을 의심하지 않을 수 없다.

평통은 대한민국 헌법 92조의 '평화 통일정책의 수립에 관한 대통령의 자문에 응하기 위하여 민주평화통일자문회의를 둘 수 있다'는 대의명분을 갖는 헌법단체다. 지역대표, 직능대표, 해외대표 등 도합 15,000여명의 자문위원을 위촉하고 다음과 같은 사항을 회의 기능으로 삼고 있다.

(1) 통일에 관한 국내외 여론 수렴

(2) 통일에 관한 국민적 합의 도출

(3) 통일에 관한 범민족적 의지와 역량의 결집

(4) 그 밖에 대통령의 평화통일정책에 관한 자문, 건의를 위하여 필요한 사항 (평통 법에서 발췌)

'재외동포 대표'가 2,600여명이며 101개국에 산재해 있는 것으로 발표되었는데, 미국에는 몇 명이 할당되었는지 모르겠지만 캘리포니아에도 상당수의 위원이 있다. 헌법단체는 그 헌법이 효력을 발생하는 곳에서나 권위가 인정되는 것이지, 영역을 넘어서면 공공성이 전혀 인정되지 않는다는 사실을 잊어서는 안 되겠다.

남북통일은 장장 60년 이상 온 겨레의 숙원으로 뿌리를 내려왔다. 그러므로 통일에 관해서 일가견을 갖지 않은 사람이 거의 없을 정도다. 그래도 통일문제는 그러한 아마추어 의견이 참작될 수 있는 문제는 아니다. 통일안(統一案)은 정부에서 전담하고 있는 전문가나, 학계에서 통일문제를 연구하는 학자들에게서조차 합당한 안이 나오지 않고 있기에 확고한 국시(國是)가 정립되어 있지 않은 상태다. 그래서 '햇볕정책'과 같은 세계전쟁사상 유례를 찾아볼 수 없는 희괴(稀怪)한 안이 나와서, 총칼을 맞대고 있는 적에게 돈을 가져다준다든가 구호물자를 퍼주는 이적행위가 공공연하게 이루어지게 되었다. 아무리 돈이 말하는 나라가 한국이라고 해도, 적에게 돈을 주면서까지 평화를 사보겠다니 망동(妄動)도 이 정도면 도가 지나친 것은 아닐까?

미국에 충성을 다하겠다고 맹세한 시민권자가 외국의 정책 층

직위에 임명되면, 시민권이 박탈될 수 있는 법 조항이 있다. (미연방 이민법[8 USC 1481] 349조) 그리고 이 법은 외국에 대해 충성을 맹서해도 같은 결과가 온다고 규정하고 있다. 평통은 엄연한 정책 층 관위이다. 대통령 자문위원이면 해당 국가에 대한 충성을 맹서한다는 것은 자명한 이치이므로, 평통위원들은 미국 거주권(시민권이나 영주권) 상실이라는 위험을 무릅쓰고 모험을 하고 있다고 보아야 할 것이다.

'평화 통일'은 듣기에도 참으로 좋은 말이다. 평화를 싫어하는 사람은 없다. 그리고 전쟁을 좋아하는 사람도 없다. 그러나 인류 역사는 계속적인 전쟁으로 점철되어 있다. 전쟁은 불가결한 역사의 산물로 무작정 피한다고 피할 수 있는 것은 아니다.

6.25사변은 소련의 사전계획에 의해, 훈련된 북한 공산당이 한반도 적화통일을 목적으로 일으킨 무력 남침이었다. 쌍방 모두 막대한 희생을 내고 휴전상태에 들어갔지만, 북한에서는 시종일관 핵무기를 개발 생산하는 등 무력을 강화하면서 통일 전쟁을 하겠다고 공공연하게 공언하고 있다. 그럼에도 불구하고 남한에서는 평화적인 통일을 표방하면서 북한은 적이 아니라는 식의 한심한 소리를 하고 있다.

기술적(technically)으로 남북한은 아직도 엄연한 전쟁상태이다. 전쟁은 한쪽이 이기고 한쪽이 져야 끝나는 법이다. 남북은 아직도 승부를 내지 못하였으니 끝난 것은 아니다. 그럼에도 불구하고 남한에서는 평화통일을 표방하면서 국시를 모호하게 하고 있다. 가공적인 평화무드는 남한국민의 전쟁의지(戰爭意志)를 꺾어놓았고 군인들의 사기를 저하시켰으며, 북한 지하공작원의 침투를 용의하게 만들었다.

한국에서는 '평화통일'이라는 말을 마치 유행어같이 사용하는데, 6.25라는 혈전이 평화통일의 길을 막아 놓았다는 사실을 진정 모르고 하는 소리일까? 참으로 한심하다. 휴전이라는 상태를 유지하고 6.25사변이 계속되고 있는 한, 정부는 국민을 당혹하게 만들어서는 안 된다. 휴전선에서는 남북 전초병들이 총칼을 맞대고 요지부동의 경계를 펴고 있고, 육, 해, 공군 실전부대는 밤낮을 가리지 않고 긴급출동 태세를 갖추고 비상대기 중이다. 그런데 정부에서는 적에게 거액의 돈을 주고, 식량과 비료 등을 주어가며 적지에 공장을 세우고 있다. 적의 명승지에 반강제적으로 관광을 가게 하는 등 평화통일이라는 달콤한 공상 세계를 꿈꾸며 이적행위를 공공연하게 하고 있다. 그러면 국민은 과연 어느 장단에 맞춰 춤을 추어야 하겠는가?

2010년 3월 26일 백령도 근처에서 일어난 천안함 사건은 명백한 적의 도전행위였다. 이 사건이 있은 후에도 한국정부의 대적 방침은 여전하다. 2010년 7월 23일 16개 시도지사 간담회 석상에서 이명박 대통령은 "소극적 대북 지원으로는 북한이 영원히 남의 도움 없이는 살 수 없는 나라가 된다."며 "큰 틀에서 생각하고 있다"면서 북한 경제 회생 지원 방안에 대해 이야기했다고 한다. (한국일보 2010.7.26.)

또한 2010년 8월 31일 통일부는 대한적십자사 명의로 100억 원 상당의 북한 수해 지원 계획을 담은 대북 전통문을 발송했다고 한다. 그리고 앞으로 쌀 지원도 재개할 의사를 밝혔다는 것이다. 대한민국의 대통령이 총칼을 맞대고 있는 적인 북한에 대해, "남의 도움 없이는 살 수 없는 나라가 된다."고 걱정한다니 말문이 막힌다. 전면전이건 국지전이건 간에 혹시 남북 전투가 재개되면 북한이 망할까봐 어떻게 북에 대고 총을 쏘겠는가?

우리말에 '어불성설'이라는 말이 있다. 말이 조금도 사리에 맞지 않는다는 뜻이다. 통일을 위한 전쟁 중에 '평화통일'운운은 그야말로 어불성설이다. 전쟁(戰爭)에서 적에게 이로운 행위를 하면 이적행위라고 해서 엄벌을 받게 되어있다. 전장(戰場)에서 이적행위를 하면 즉결 처분이라고 해서 법의 심판이 내리기 전에 지휘관이 사형을 집행하기도 한다.

6.25 전쟁은 유엔군 전상자 778,053명(한국군 전사자 137,899명 미군 전사자 36,838명 포함), 북한 측 군인 전상자 1,187,682명(인민군 전사자 215,000명, 중공군 전사자 114,000명 포함)과 민간인 희생자 350만 명(남한: 990,968 그 중 사망 373,599명 북한: 250만 명), 남북도합 5,465,735명의 희생자(남북 군인 전사, 전상과 남북 민간인 사망 및 부상)를 냈다. 그러한 전쟁이 평화 통일이나 평화 공존이라는 식으로 쉽게 매듭지어질 수 있겠는지 깊이 생각해보아야 할 것이다.

미국은 한국과 상호방위조약을 맺고 있는 나라다. 미국에 사는 동포들이라도 최소한 '평통'이라는 말은 아예 입 밖에도 꺼내지 않으면 좋겠다. 아울러 평통 조직을 공식적으로 해산하거나 교민들이 보이콧을 해서라도 없애도록 해야 할 것이다. 평통은 이민의 '미국화'를 방해하는 요인이고 미국 이민정책에 정면으로 도전하고 있기 때문이다.

과거에 동양 사람들은 미국 사회에서 엄청난 천대를 받았다. 동양인 배척을 법으로까지 만들어서 이민도 못 오게 한 것도,

외국인으로서(이민 1세) 이민의 처지를 망각하고 멋대로 행동한 것이 부분적인 화근이 아니었던가! 이민의 안녕(安寧)과 발전에 걸림돌이 되는 '평통'을 하루 속히 철폐해야 한다. 그리고 '평화통일' 이라는 환상적인 단어 자체가 얼마나 대한민국을 해치는 독소 역할을 하는지도 깊이 생각해 보아야 한다.

2010년 11월 23일에 있었던 인민군의 연평도 포격사건에서 노출된 한국군 측의 이완된 방어태세는 세상을 놀라게 하였다. '평화통일' 이라는 감상적인 무드가 군인들의 전쟁의지(戰爭意志)를 약화시킨 탓으로 빚어진 또 하나의 비극이라고 할 수 있다. 북한 포격에 대한 응사를 하여야 할 K9 자주포와 발포위치 추적레이더인 TPQ-36 Firefinder가 제구실을 못하였던 것이다.

적은 170발의 포탄을 퍼부었는데 한국 측에서는 겨우 80발밖에 응사를 못하였으며, 그나마도 탄착이 확인된 수는 45발이고 35발은 바다에 떨어진 것으로 추정된다는 것이다. 45발 중에서도 15발이 적 포대 뒤에 위치한 논에 떨어졌고 나머지는 해안 논밭에 모두 떨어졌다는데, 그야말로 포탄이 한방도 제구실을 못했다는 뜻이다.

TPQ-36레이더는 적이 발포를 하면 즉시 가동이 되어, 어디서 발포를 하였는지 그 지점을 집어냄으로 아군 측에서 즉각적으로 정확하게 반격할 수 있게 하는 레이더인데 이 레이더도 제구실을 못하였다는 것이다. K9 자주포는 6문이 배치되어 있었는데 2문은 인근에 떨어진 적 포탄의 폭발진동으로 전자회로가 못쓰게 되었고, 또 1문은 사건 직전의 실탄사격연습 중 불발탄이 생겨 그것이 포신을 가로막아서 못썼으므로 배치된 포의 반인 3문으로 응사하였다는 것이다. 그나마도 첫 응사 시간이 13분이나 걸렸다니 언어도단이 아닐 수 없다.

적의 무력도발에는 2~3배로 응징하라는 것이 교전규칙인데, 반도 응징을 못했으니 얼마나 수치스러운 일인가? 최전방에 배치된 장비는 언제라도 100% 가동이 되어야 하는데 그 모양인 것을 보면, 군기가 얼마나 이완이 되어있는지 가히 짐작을 하고도 남음이 있다. 햇볕정책의 유물인 평화통일이라는 공염불(空念佛)이 일선 군인들로 하여금 일선에 배치된 무기의 중요성마저 대수롭지 않게 생각하도록 해이(解弛)하게 만들었기 때문이다.

6.25는 통일을 위한 내전(civil war)이었다. 국민에게나, 군인들에게나 전쟁 중 우선순위와 지상목표는 승전이어야 한다.

이겨야 살아남는다. 그러한 전쟁 중에 전쟁과는 정반대인 '평화통일'을 국시로 내걸고 국민들로 하여금 허황된 평화무드에나 빠지게 하면 남는 것이 무엇일지 생각해보자. 그러기에 대한민국의 혈맹이며 대한민국과 방위조약을 맺고 있는 미국에서 만이라도 '평통'은 반드시 폐쇄되어야 한다.

America
Korea

제 8장

한인사회의 애국단체

한인 사회에는 미국화와는 상치되며 정면으로 대립하는 정치적 활동을 위한 단체가 버젓이 존립하고 있다. 그것은 이민 본연의 길을 가로막는 요인이 될 뿐만 아니라 실황이 공개되면 미국당국의 빈축을 사고도 남을 현상이라고 할 수 있다. 이러한 단체의 예로 한국의 법인체인 6.25참전 국가유공자회, 재향군인회, 대한노인회 등의 미국지회, 그리고 2012년의 한국 선거 전초기지라고 여겨지는 '세계한인민주회의', '한나라 민주포럼' 등을 들 수 있다.

그리고 현재 미국 각지에는 한인사회의 봉사 단체인지, 한인사회의 정치단체인지, 대표기관인지를 구분하기 어려운 지역한인회가 165개 이상 존재하고 있다. 이들이 표방하는 한인회의 목적은 한인을 위한다는 것인데, 우리는 한인회가 한인의 미국화를 돕고 있는 것인지 반대로 모국 의존적 기풍을 함양하고 있는 것인지 그 실태를 살펴보려고 한다.

1. 6.25참전 국가유공자회와 재향군인회

군인의 특색은 여러 가지를 꼽을 수 있지만 단합성은 아주 중요하다. 그래서인지 한국에서도 그렇고 미국에도 각양각색의 군 출신자들 모임이 있다. 동포사회에도 재향군인회를 비롯해 6.25 참전 국가유공자회, 국가 유공자전우회, 참전동지회, 유공자 연합회, 유공자 총연합회 등의 이름으로 여러 모임이 존재하고 있다. 미국에서 이러한 단체는 모두 조촐한 개별적인 사적 친목단체로 존재하고 있다. 한국의 재향군인이나 6.25참전자는 한국을 위해서 싸운 용사들이다. 미국을 위해서 싸운 사람들이 아니기 때문에 이들의 권위와 지니는 가치는 본국인 한국에서는 당연히 인정이 되지만, 미국에서는 그렇지 않기 때문에 공공성을 지니는 단체로 인정되지 않는다.

그런데 동포 중에는 동포사회에 존재하는 이러한 사적인 친목단체와, 한국내의 법인체인 재향군인회나 유공자회를 혼동하는 동포가 의외로 많다. 한국의 재향군인회는 대한민국 법률에 의해서 설립된 법인이며, 연간 대한민국 정부에서 400억 원 이상의 예산 지원을 받는 애국적 준 군사단체이다. 한국 6.25참전 국가유공자회도 같은 범주에 들어가는 단체이다. 한국의 법에 의해 설립된 법인은 한국의 법률이 효력을 발생할 수 있는 영역에서만 인정이 된다. 미국은 한국의 사법권과 법률이 인정되는 곳이 아니기에, 결과적으로 한국의 법인체가 미국에서는 법인체로 인정이 되지 않는다.

어느 나라나 국민의 애국심은 국가의 운명을 좌우하는 요인이기 때문에 강조하며 함양하고 있다. 특히 미국은 이민으로 시작한 나라로 지금도 많은 이민을 받아들이고 있기 때문에, 이민의 미국에 대한 충성심을 상당히 중요시하며 필수적인 조건으로 하고 있다. 이러한 상황 하에서 대한민국의 애국단체이며 법인체인 '대한민국 재향군인회'나 '대한민국 6.25참전 국가유공자회'가, 마치 미국이 한국통치하의 한 행정구역이나 되는 것같이 미국 여러 지역에 지회를 설립하였는데, 이는 어불성설이라고 할 수 밖에 없다.

대한민국 재향군인회, 대한민국 참전유공자회는 애국심을 고취하는 애국단체이다. 그러나 이민은 정의(定義)상 애국자일 수가 없음으로 그러한 단체의 존립 의의는 찾을 수가 없는 것이다. 애국자는 나라와 운명을 같이하는 사람을 뜻하는데, 이민 온 사람들이 대한민국과 운명을 같이 하고자 하는 사람들이냐는 것이다.

이민은 미국을 내 나라라고 하겠다는 전제하에 미국으로 이주를 허가받은 사람들이고, 미국과 운명을 같이해야 하는 사람들이다. 그럼에도 불구하고 한국의 지도층 인사들이나 정부요인들은 그러한 사실을 알고도 무시하려는 것인지, 몰라서 그러는지 엉뚱한 말씀들로 우리 이민을 적지 않게 놀라게 한다.

근간 한국의 재향군인회 재미 모 지역 지부를 창설하는 창립총회에, 대한민국 재향군인회의 대표로 참석한 모 인사는 "00지회가 한인 동포들의 안보의식 제고(提高)와 안보교육 활동을 전개해 나가는데 앞장서 달라"고 하였고, 소관지역 공관장께서는 "국가안보의 보루이자 사회 안정의 주춧돌로서 재향군인회원의 소임이 그 어느 때보다 막중하다"는 기념사를 하였다는 것이다. (신문보도)

뜻밖에도 두 분은 한결같이 이곳이 한국의 일부이며, 대한민국 정부의 1개 행정구역이나 되는 것 같은 전제로 축사를 하였는데 참으로 놀랄 수밖에 없는 발언이다. 한국의 지도층에 있는 이들까지 이민의 '안보의식 제고와 교육'을 당연시할 정도로 이민의 본질을 모르고 있다는 것인가? 여기는 미국이라는 주권 국가이다. 그리고 이민은 대한민국을 위한 존재가 아님을 분명히 하여야 할 입장에 있는 사람들이다. 그렇지 않으면 추방을 당해도 할 말이 없게 되어있다. 한국의 안보하고는 아무 상관이 없는 사람들에게 안보의식 제고는 왜 필요하고 안보교육은 왜 해야 한다는 것일까?

그리고 어떻게 대한민국 재향군인회의 미국지회가 한인 '사회안정의 주춧돌'이 된다는 것이며, 한인들에 의한 대한민국안보의 보루(堡壘)가 미국 땅에는 왜 있어야 한다는 것인가? 그 분들은 이민을 와서 수용국가인 미국의 통치권에 복종하고 사는 사람들이 모국의 안보를 집단적으로 거론하면서 단체행동을 하면 어떠한 결과가 초래될 것인지 상상해 본 일이 없는 것 같다. 미국은 황화(yellow peril) 파동을 경험한 나라라는 점을 모르고 하는 말이라면 참으로 안타까운 일이다.

대한민국에 대한 충성심은 송두리째 버린다는 약속을 한 사람들이 이민이다. 안보활동은 어디서나 하는 것이 아니다. 이민온 사람들이 미국에서 한국 안보활동을 한다는 것은 미국인으로서 다른 나라의 안보활동을 하는 꼴이 되기 때문에 간첩으로 몰릴 수 있는 가망성을 전혀 배제할 수 없다.

이민은 어떠한 이유이건 한국에서 살기 어렵거나 한국이 싫어서 한국을 영구적으로 등진 사람들이다. 그리고 수용국가에서

열심히 살려고 애쓰는 사람들이다. 한국 요로에 계시는 분들은 어찌해서 이런 사람들을 갑자기 애국자로 둔갑을 시키려고 애를 쓰는지 그 영문을 모르겠다. 그러한 활동은 은연중에 이민에게 이민의 본분을 무시한다는 벗기 어려운 누명을 쓰게 한다는 사실 정도는 알고 움직여주었으면 한다.

이러한 단체들은 집회가 있을 때마다 국민의례를 거행하는 것이 관례로 되어있다. 국민의례는 대한민국에 대한 충성심을 다짐하는 행사다. 그러므로 국민의례는 "나는 지금까지 내가 속해 있던 대한민국에 대한 충성심 전부를 자발적으로 완전히 그리고 철저하게 포기하고 미국의 헌법과 법을 받들 것이며…"라는 미국의 시민선서를 정면으로 부인하는 행동이라고 할 수 있다. 어느 쪽을 향한 충성심이 가짜인가? 정신을 똑바로 차리고 우리의 처지를 분명히 알아야 한다. 국민의례가 우리 생존의 기틀인 미국의 거주권 박탈이라는 모험까지 하면서 꼭 하여야 하는 행사인가 심사숙고를 해볼 필요가 있다.

제 2차 세계대전 이전에 재미 일본인들이 융성(隆盛)한 일본의 국위를 자랑으로 여겨, 흑룡회(黑龍會)라는 단체를 미국에서 독립적으로 만들고 수시로 일본의 제국주의에 찬동하는 좌담을 하고 지냈다. '흑룡'은 소만 국경을 가로 지르는 큰 강 이름인데,

일본의 위세가 거기까지 뻗었다는 뜻에서 붙인 이름이다. 이 모임은 특별히 반미적인 모임은 아니었으나, 이미 태평양전쟁 발발 전부터 미일 관계가 악화되면서 친일적인 모임이었다는 이유로 주목대상이 되어 간부나 회원 다수가 체포, 수감되는 사태를 빚었다. 예전에도 그랬지만 지금도 미국 사직당국의 손길은 이런데 까지도 뻗쳐있다는 사실을 우리는 알아야 한다.

특히 전쟁이 선전포고도 없고 전선도 없이 싸움터가 내지로까지 연장되는 테러 전 시대로 접어들면서, 미국 내 사찰기관은 더욱 바빠졌다. 우리는 이민국이 법무부산하에서 국토안전부로 이전되었다는 사실을 대수롭지 않게 여기면 안 된다. 이민 온 소수민족이 모여서 무리를 지어 애국이니 조국애니 민족이니 하면서 단결을 호소하는 등의 행동은 기필 사직당국의 경계심을 촉발하게 될 것이므로 조심해야 할 것이다.

거듭 강조하지만, 한국 재향군인회나 유공자회 미국 지회는 이민사회의 체질에 맞지 않을 뿐더러 미국의 이민정책을 도외시하는 무모한 단체인 만큼, 평지풍파를 몰고 오기 전에 철수하는 것이 현명하다.

2. 한인회 *

한인회라면 감투싸움이나 하는 모임이라고 알고 있는 사람들이 제법 있다. 그 이유는 그러한 사례가 그동안 꽤 있어왔기 때문이다. 현실적으로 캘리포니아의 어떤 대도시의 한인회는 회장 자리를 놓고 감투싸움 끝에 회를 두 동강나게 만드는 추태를 벌이고 말았다. '감투'라는 말은 옛 의관의 하나로서 출세를 상징하였기 때문에 속된 말로 '벼슬'이라는 뜻을 갖게 되었다. 한인회장 자리를 놓고 감투싸움을 한다는 것은 한인회장을 분명 '벼슬'로 알기 때문이다. 한인회장 자리가 이웃을 위한 진지한 자기희생적인 봉사 직이라고 생각한다면 싸움이 날 리가 없지 않겠는가? '홈레스(homeless)'를 도와주는 모임, '불우아동'들을 도와주는 모임, 거리 청소를 하는 모임, 마약 퇴치를 위한 모임, 가정문제를 다루는 모임 등 희생적인 봉사단체의 회장 자리를 놓고 감투싸움을 했다는 뉴스는 들어본 일이 없지 않은가?

* 본 장에서 한인회라 함은 특정지역의 한인회를 지칭하는 것이 아니고 일반적 통념상의 한인회를 뜻함

이민사회에서는 “한인이 사는 곳에는 의례 한인회가 있다”는 것이 거의 상식처럼 되어 있다. 하지만 한인회가 실제적으로 어떠한 성질의 단체이며 어떠한 일을 하는 모임인가 하는 점에 관해서는 별로 관심을 갖지 않아 잘 모르는 동포들이 적지 않다. 한인회는 그 이름부터 한인전체를 위하는 공공기관같이 되어있고, 한인회에서는 마치 한인회가 소재하는 지역의 한인전체를 대표하는 것 같은 인상을 주기 때문에 항간에서는 그렇게 알기 쉽도록 되어있다. 한인회장 자리를 ‘벼슬’로 알게 되는 이유도 이러한 막연한 정체성(identity)이 그 원인이라고 여겨진다. 한인회장이 마치 지역을 대표하는 대의원과 같은 인상을 주며 한인사회의 지도자 같은 감을 주기 때문이다.

한인회를 그렇게 알고 있는 사람이 많고, 한인회 자체에서도 그러한 사고방식이라면 한인회가 제대로 일을 할 수 없는 것은 당연지사다. 한인회의 사업목표가 마치 교회의 기도제목처럼 인간사회의 보편적 소원과 같아서는 아무것도 안 된다는 뜻이다. ‘이 나라의 평화’, ‘세계평화’, ‘남북통일’, ‘인류의 행복’, ‘한국의 번영’, ‘북한 동포의 굶주림 탈피’, ‘교포사회의 발전’ 등은 하나님에게 간구(懇求)하는 우리의 소원인 것이며, 사회 행동단체의 실천목표일 수는 없다. 게다가 한인의 위상재고, 한인의 권익증진 등 원론적인 목적만을 갖고는 활동단체가 제 몫을 제대로 할 수 없다.

한인회에서는 국위선양을 하기 위한 일도 한인의 대표라는 명목으로 잘하고 있다. 연방 국회의원이나 주지사, 시장 등을 찾아 로비를 하여 '한국의 날'을 제정해 놓고 자화자찬을 한다든가, 한국에서 내방하는 정객들과 공식 회합을 갖는다든가 하면서 한인을 대표하는 것과 같은 일을 실제적으로 많이 하는데, 그러한 일이 우리 동포들에게 무엇을 가져다주며 실리 면에서 어떠한 소득을 주는 것인지 반성을 해 보자.

필자가 젊었을 때부터 허물없이 가까이 지내는 백인친구가 있다. 어느 날 그에게 '오늘은 한국의 날'이라고 하였더니 그가 "So what!(그래서?)"이라고 대답을 하기에, "무슨 대답이 그렇게 퉁명스럽냐?"고 반문한 적이 있다. 그때 그가 하는 말이 "'한인의 날'이란 어떤 성격의 날이냐? 축하해야 하는 날인지 또는 슬퍼해야 하는 날인지 정도는 알아야 적절하게 반응했을 것이 아니냐?"고 했다. 그래서 얼른 대답을 하려했으나 나 자신도 '한국의 날'이 어떤 날인지 몰라서 화제를 돌린 적이 있다.

'한국의 날'을 생각해보면 우리 역사에 언제 그러한 날이 있었고, 또 미국 여기저기에서 한국의 날을 제정했다면 그날이 무슨 뜻을 갖는 날인지, 그 제도의 주인공인 우리 동포들은 소상히 잘 알고 있느냐는 것이다.

'한국의 날'에 관한 여러 가지 홍보자료를 필자가 종합해본 결과, '한인의 날' 목적은 다음과 같은 네 가지이다.

(1) 한인들이 정치, 경제, 사회, 문화면에서 강한 영향력을 갖고 한인 커뮤니티를 크게 성장을 시킨 것을 기념
(2) 한인 이민선조가 하와이 사탕수수밭 계약 노동자로 처음 발을 디딘 해가 1903년이니 한인은 100년이 넘는 장기간의 이민역사를 갖는데 그 업적을 기념
(3) 미국에 대한 동포들의 여러 값진 기여 과시
(4) 미국주류사회에서의 한인 커뮤니티 인정을 기념

모든 공과는 상대적이어야 의미가 있다. 이상 열거한 몇 가지 사항이 부지기수의 소수민족(ethnic group)이 모여 사는 미국이라는 판도에서 평가가 될 경우 과연 논공(論功)의 대상이 될 수 있는 것인지 공정하고 냉정한 입장에서 생각을 해보자. 한인들의 업적이 '한인의 날' 제정을 정당화할 정도로 탁월하였다면 얼마나 좋겠는가?

신 이민역사 46년에 '한인의 값진 기여'를 거론한다면 19세기

또는 그 이전에 와서 미국을 건국하고 미국의 역사를 만든 사람들은 모두 어떻게 되는 것일까? 자화자찬이 지나치면 멸시의 대상이 될 수도 있으니 조심해야 한다. 기념일이라든가 경축일 등은 그 뜻이 역사의 흐름 속에서 전승되며, 대중에게 감명을 주는 바가 있어 자생적으로 만들어져야 하는 것이다. 그런즉 한인 이민들이 미국역사에 남긴 그러한 업적이 얼마나 되는지 심사숙고를 해보자는 뜻이다.

다음으로 한인회의 대표권 문제이다. 어떠한 단체에서나 법적인 근거가 없으면 주민 또는 주민의 집합체를 정당하게 대표할 수 없다. 미국의 어떤 법에도 한인으로 구성되는 단체나 개인이 미국에서 재미 한인인구의 전부 또는 일부를 대표할 수 있다고 하는 구절은 없다. 그리고 그러한 것을 시사 하는 법 조례도 없다. 뿐만 아니라 한인 주민 어느 누구도 법적으로 한인회가 나를 대표하는 기관이라고 허용한 일도 없고, 있다 해도 법적으로 무효이므로 인정되지 않는다는 사실을 우리 모두는 명백히 알아야 한다. 뿐만 아니라 한인사회는 가상적인 집합체이므로 누가 누구를 대표할 수 있는 개체도 아니다.

민주주의 사회의 공직자 선거와 그 효력은 헌법이 근거가 되는 것이며, 민주주의 정부는 통치권의 출처를 국민으로 보기 때문에 민선 공직자의 권한이 국가적으로 보장이 된다.

혹자는 한인회에서 한인을 대표한다는 근거를, 한인회장은 해당지역의 한국 주민의 투표로 뽑기 때문에 한인의 대의원(representative)이 될 수 있다고 한다. 그렇다면 투표한 사람들만을 대표할 수는 있을지 모르지만 한인사회를 대표한다고 비약해서 생각해서는 안 된다.

어떠한 사회단체나 친목단체가 회장을 선출할 때는 회원들만 투표를 하지만, 한인회인 경우는 인근 한인이면 정해진 자격이 되면 누구나 참여시켜 마치 공직선거와 같은 형태를 취한다. 하지만 그러한 형식이 피선거자의 자격을 주민의 대표로 만드는 것은 결코 아니다. 몇 사람이 투표를 하건 법에서 그렇게 정해주기 전에는 주민의 대표가 될 수 없기 때문이다.

영사관이나 대사관 등 한국 공관에서 대교민(對僑民) 활동을 하는데 보조역할을 하는 단체로서 한인회를 활용할 수는 있겠지만, 한인회에 권한 이양을 할 수는 없다. 한인회가 마치 동포를 상대로 한국정부를 대표하는 듯이 나서는 경우가 있는데, 있을 수 없는 일이다. 총영사관이나 대사관도 이민을 집합적으로(collectively) 대표할 수는 없다. 같은 맥락이지만, 한국 정부나 정부를 대표하는 공관에서도 이민을 한국국민으로 취급할 수가 없으며 통치권행사를 할 권한도 없다.

다음은 회의 지도적인 성격이다. 한인회에서는 자체의 회장을 한인 지도자라고 하거나 지도자라고 시사를 하는 경향이 있다. 한인회 총연합회에서는 각 회원 한인회장들과의 회합에서 '여러분은 우리 교민의 지도자'라고 규정하고 있다. 자화자찬(自畵自讚)도 이 정도가 되면 도가 좀 지나치지 않나 싶다.

한인사회는 유기적인 단체가 아니기 때문에 지도를 받을 사람이 부재상태인데 지도자라는 존재가 있을 수 없으며, 또한 지도자는 아무나 하는 것이 아니다. 지도자는 지도를 받는 사람들이 지도자로 인정을 해야만 지도자일 수 있을 뿐더러, 그 지역사회에서도 중론이 본인이나 측근의 그러한 주장을 시인하여야만 인정이 되는 것이 아니겠는가? 한인사회에서 한인회장이 지도자라면 나머지 사람들은 그로부터 지도를 받는 사람들이라는 뜻이 되는데, 그것이 올바른 견해라고 할 수 있겠는가? 봉사자와 지도자라는 두 낱말의 뜻은 완전히 다른 것이다.

다음은 국위선양의 문제이다. 한인회에서는 한국의 국경일, 기념일 행사 등을 주관함으로서 국위를 선양한다고 한다.

우리는 한국이라는 국가의 대표로 미국에 와서 주재하는 사람들이 아니다. 미국 국민으로 흡수되게 마련인 이민인 것이다. 서울인 경우에 국경일 행사는 서울시장 주관으로 한 곳에서만 하며, 대통령을 비롯한 모든 관서 요원들은 그 자리에 참석하는 것으로 끝이 난다. 각 관공서가 뿔뿔이 개별적으로 하는 것이 아니다. 해외에서는 공관장 주재로 공관에서 하게 되어 있다.

과거에도 그랬고 지금도 한국에서 이러한 행사가 매해 상례적(常例的)이며 그리고 거국적으로 정부 및 사회단체에 의해서 이루어진다면, 민족의 하나의 미풍으로 보고 이민사회에서도 자연스럽게 받아들여도 무방하겠지만 그렇지도 않은 상태에서 이민사회가 유별나게 이러한 행사를 챙겨야 할 이유는 무엇인지 궁금하다. 한국에서도 안 하던 일을 미국에서는 왜 더 유별나게 해야 하는가? 이 역시 이민의 본분을 망각한 처사이며 모국 의존적 기풍을 함양하는 행위인 것이다.

신 이민의 수가 늘며 항공교통이 급속도로 발달하고 국제전화도 이웃 간의 전화나 다름없이 용이하게 되었다. 따라서 새로 입국하는 사람들에 대한 안내의 필요성이 차차 줄었으며, 한인사회에 세탁협회, 식품협회, 요리사협회 등 Trade Association(직종협회)이라든가 노인봉사회, 시민권자 협회, 각 교회의 자선

/봉사단체 등 봉사기관이 급증하면서 한인회의 일이 많이 줄어들어 무용론까지 제기되고 있다.

때로는 한인회가 마치 민족운동을 하는 것 같은 인상을 주며 한인 주민의 동참을 당연시 하는 것 같다. 미국에 온 여러 민족이 각기 민족운동을 벌인다면 미국의 국가로서의 결집력이 약화되기 때문에 문제가 크게 생긴다. 한인끼리 뭉치자는 이야기를 잘하는데 뭉쳐서 무엇을 하자는 것인가? 그러한 언행이 한인들에게 얼마나 좋지 않은 영향을 주는지는 알고 지내야 하겠다. 과거의 동양인 천대, 배척사조 같은 끔찍한 사건의 불씨가 될 만한 언행은 전체 한인 이민을 위해 삼가 해야겠다.

한인들이 한인이기 때문에 무슨 큰 불이익이나 당하는 것 같은 식의 언행은 삼가 해야 한다는 뜻이다. 지금 한인들이 한인이라고 특별히 집단적으로 차별대우를 받고 있는 것은 아니지 않은가? 긁어 부스럼은 만들지 않도록 해야겠다. 한인회가 마치 한인들을 보호하고, 한인들의 번영을 책임이나 지고 있는 양 나서는 경향이 있어왔다면 그것은 착각(錯覺)인 듯싶다. 이민의 좌우명이 각자도생(各自圖生)이라는 점 잊어서는 안 되겠다. 그리고 여기는 미국이다. 국민의 보호와 복지문제는 국가의 기능(function)이며 공평성은 헌법이 보장해 주고 있다.

한인회장을 벼슬로 알던 한인사회의 체질도 서서히 변화되고 있고, 한인회가 한인들의 '대표'요 '지도자'이며 '국위선양'을 하는 기구라고 여기던 시대도 지나갔다. 이런 마당에 한인회는 슬기롭게 체질개선을 서둘러서 특정 봉사를 하는 봉사단체요 친목단체로 거듭나야 할 것이다. 실질적인, 그리고 손에 미치는 특정 사업을 찾아서 봉사해야겠다는 뜻이다.

제 9장

이민국의 변천과정

미국의 이민국(U.S. Citizenship and Immigration Service)은 지금 국토안전부(U.S. Department of Homeland Security)에 속해 있지만, 독립한 이래 여러 부서를 거쳐서 지금에 이르게 됐다. 예전에는 미국의 각주에서 임의로 이민관계 주법을 만들어서 적용했다가, 1875년에 이민업무 일체가 연방 정부의 소관으로 통합되었다.

처음 이민국이 창설되었을 때는 세관국을 관장하는 재무부(Treasury Department)에 예속되어 있었다. 그 당시 이민국의 일은 주로 입국하는 이민으로부터 입국 세(head tax) 1인당 50센트를 수거하는 것과, 범죄자, 정신이상자, 천치나 정부의 금전적인 부담(public charge)이 필요할 것이라고 판단되는 환자 등을 색출해서 입국을 거부하고 타고 온 배에 다시 승선케 해서 추방하는 일이었다.

1903년에 이민국은 새로 발족하는 '상무 및 농무부(Department of Commerce and Labor)' 산하로 이관이 되었다가, 1913년에는 농무와 상무가 분리 독립되면서 농무부 소속이 되었다. 이민을 노동력으로 보고 노동업무를 관장하는 노동부에 예속시킨 것이다.

이후 이민의 귀화업무(naturalization), 그리고 그동안 입법화된 적지 않은 이민법의 시행 등으로 이민업무는 단순한 노동행정의 범위를 넘어서게 되었다. 그래서 1940년에는 이민국을 법무부(Department of Justice) 산하에 두게 되었다.

911 사건 이후, 2002년 11월 25일 이민국은 새로 발족한 국토 안전부에 예속되면서 호칭도 달라졌다. 원래 이름인 Immigration and Naturalization Service (INS)가 U.S. Citizenship and Immigration Service (USCIS)로 변경되었다. 그때부터 이민업무가 국토안전 업무의 일환으로 전환된 것이다. 이민을 받아들일 때 미국에 해를 끼칠 위험성이 있는 자들을 색출해 낸다든가, 이민의 본연의 길을 망각하면서 이민법에 저촉되는 행위를 하는 사람들을 감시, 발본하는 등 안전 위주의 부서로 강화가 된 것이다.

역사적으로 보면 전쟁의 형태가 육박전, 기계화 전쟁(1차 대전), 입체 전쟁(2차 대전)으로 발전되어 왔고, 20세기 후반에는 전선 없는 전쟁(게릴라전-이념전쟁), 그리고 지리적으로 전후방의 구분 없이 상대가 서로 점적(點的)으로 대치하는 '테러 전쟁'으로 변모되어 왔다.

전쟁이 국내로까지 확대되었기 때문에, 정부에서는 국내에 산재해 있는 잠재적인 위험요소의 색출과 사찰을 전담하는 국토안전부를 신설하고 이민국을 그 산하에 두었다. 이러한 일련의 변화는 이민에 대한 인식의 각도가 달라지고 감시의 강도가 높아졌다는 사실을 시사한다.

이민국의 역사적인 변천을 살펴보면 그동안 변모되어 온 이민의 이미지를 잘 더듬어 볼 수가 있다. 이민국이 특별히 국토안전을 위주로 하는 행정기관으로 바뀌었다는 사실은 이민의 신분을 좀 더 소상하게 파악할 필요성이 생겼다는 뜻이며, 국토안전이라는 차원에서 이민의 거동에 관심을 갖게 되었다는 뜻이다. 몰지각한 이민의 단체행동, 과도한 모국 국기의 숭상, 반미국화(反美國化) 사조를 조장하는 언동 같은 것은 과거와는 차원이 다르게 사직당국에 반영이 된다는 사실을 잊어서는 안 될 것이다.

True Identity of Immigrants

which country is their country?

제2편

제 1장

동양인배척사조: 황화이야기 *

1. 황화의 시점은 캘리포니아

미국은 우리의 혈맹이다. 그리고 한미상호방위조약을 맺고 있는 당사국이기도 하다. 미국과 대한민국과의 우호관계는 오랜 역사를 갖고 있다. 오랜 기간의 우호적인 한미관계는 미국국민을 친한적(親韓的)인 이웃으로 만들었고 한국인들에게 친미사상을 심어주었다. 그러한 관계로 미국에 이민 오는 사람들은 이민이라는 큰 모험의 길을 떠나면서도 그리 심한 불안감을 갖지 않는다. 미국에 도착해서 낯설고 물 선 이국인들의 틈에 끼어 살면서도, 상대가 미국인인 이상 그리 심한 이질감을 갖게 되지는 않는다. 그리고 미리 와서 터를 닦은 친척, 친지들도 도움을 주어 마음의 안정도 비교적 순탄하게 잘 찾는 편이다.

* 본 제1장 황화이야기는 전문 저자가 한국일보 샌프란시스코 판에 연재한 칼럼을 전재한 것임(2009.9.19.~2009.10.24.)

우리 속담에 '넉살 좋은 강화 년'이라는 표현이 있다. 강화의 특산품인 인조견을 팔러 다니던 강화 아낙네들이 수줍어하거나 부끄러워하지 않고 넉살이 좋아서, 남의 집에 들어가 체면이나 염치를 모르는 행동을 잘하며 때로는 밥도 얻어먹곤 하였다는 것이다. 넉살은 잘 보아주면 애교라고 볼 수 있겠지만 심하면 남의 비위를 상하게 한다. 그리고 도가 지나치면 상대방을 조롱하는 꼴이 되어 질책(叱責)의 대상이 된다.

한인 이민인 경우 한미 우호관계의 덕으로 미국생활의 시작(break-in)도 비교적 원만했다. 거처나 직장 그리고 이웃과도 별 어려움 없이 낯을 익히고 안정된 생활리듬을 찾게 되자 '강화 년' 꼴이 되는 사람이 제법 생겼다. '강화 년'처럼 미국에서 주는 밥을 잘 얻어먹으면서 그것은 본인의 넉살 덕이라고 여기고, 그 고마움을 느끼지 못하며 거기에 부응(副應)하는 사례는 염두에도 두지 않는다는 뜻이다. 바꾸어 말하면 미국서 베푸는 사회복지 혜택은 최대한 받으면서 미국에 대한 책임은 아예 염두에도 두지 않는 파렴치한 존재가 된다는 것이다. 게다가 조국을 위한다니 애국을 한다니 하면서, 마치 미국을 조롱하는 것과 같은 언행을 일삼는 것이다. 미국은 이민을 자선사업차 받아들이는 것이 아니다. 우리는 미국이 건전한 미국 국민을 만들려고 이민을 받아들이고 있다는 사실을 잊어서는 안 된다.

국민이 되려면 국가에서 부과하는 의무를 다해야 하고 입향순속(入鄕循俗)을 통해서 국민답게 살아야 한다. 이민은 귀화(歸化)시에 모국에 대한 충성심을 송두리째 그리고 철저하게 포기한다는 선서를 한다. 이러한 선서를 한 사람들이 엉뚱한 짓을 한다면 미국을 조롱하는 꼴이 되어 응분의 처벌을 받게 되어도 할 말이 없다. 심한 경우는 거주권(居住權)을 박탈당하게 된다.

필자가 이상과 같은 이야기를 하는 이유는, 19세기 말엽부터 제 2차 세계대전 초까지 팽배했던 미국의 동양인 배척풍조인 황화(黃禍)와 '강화 년'의 연관성을 염두에 두면, 이민으로서 우리의 생활 자세를 좀 더 올바르게 평가할 수 있지 않을까 해서다. 우리는 현대 이민으로 과거의 황화사조와 같은 반 동양인 움직임이 다시는 고개를 들지 못하게 할 책임이 있다. 현재 미국은 우리에게는 우호적인 국가로 다소의 넉살은 애교로 받아들여지리라고 여겨진다.

하지만 그 넉살이 도를 지나쳐서 미국적인 생활규범을 무시하는 선까지 간다든가, 모국 치중적 생활에 빠져 살면서 미국의 법이라든가 미국 국민으로서의 의무가 무엇인지도 모르고 미국을 우롱하는 것과 같은 언행을 한다면 용서의 여지가 없어진다. 그 점을 염두에 두고 '황화'의 역사를 살펴보자는 것이다.

우리는 언제나 무엇을 해도 뚜렷한 목적의식을 지녀야 한다. 미국에 이민 온 한인들의 대부분은 모국에서 살길이 막막해서 미국을 찾은 사람이 아니면, 전화(戰禍)가 무섭다던가, 사회의 부패라던가 타락상(주관적인 관점에서)에 환멸을 느꼈기 때문에, 또는 한국이 어떤 이유에서든지 마땅치 않기 때문에 미국에 와서 꿈을 펼쳐보려는 의도에서 온 사람들이다.

이 모든 목적은 '좀 더 잘살아 보겠다.'는 말로 집약이 되는데, 그렇다면 우리는 그렇게 살기 위해서 노력을 하는 것이 본연의 자세이다. '잉어가 풍덩 하니 송사리도 풍덩 한다'는 말이 있다. 미국에 와보니 잉어가 눈에 잘 안 띠는 것 같은지, 송사리들이 신이 나서 풍덩거리는 것을 볼 때마다 안타까움이 크다.

이민 온 사람 중에 특별히 대한민국의 국위선양을 목적으로 온 사람은 없을 것이고, 한미 친선을 위한 활동이라든가 교민의 복지 증진을 위한 활동을 목적으로 왔다는 사람도 물론 없다. 그런데 실제적으로는 이러한 간판을 내 걸고 '풍덩'소리를 내는 사람들을 비교적 많이 보게 된다. '황화사조'는 경제적인 원인이 주(主)였다고는 하지만, 이민이 이민으로서 거쳐야 하는 현지화를 경시(輕視)하고 미국화(Americanization)를 외면하다시피

한 것이 주류와의 반목의 동기가 되었다고 보는 눈도 많다. '강화 년'의 지나친 넉살과 '송사리'들의 '풍덩'소리가 이민사회에 평지풍파를 몰고 올 위험성이 다분히 있다는 점을 염두에 두고, 캘리포니아에서 발단이 된 황화의 역사를 우리 모두 주의 깊게 고찰하는 시간을 가졌으면 좋겠다.

스페인 왕의 후원으로 크리스토퍼 콜럼버스가 미 대륙을 발견한 해는 1492년이고, 영국이 본격적인 식민지 활동을 시작한 해는 1620년 Mayflower호로 102명의 식민지 이민을 송출한 해부터다. 13개의 식민지가 생기고 난 후 13개의 식민지가 단합을 해서 영국정규군과 8년간의 독립혁명전쟁(1775-1783) 끝에 미국은 독립을 쟁취하였다. 그 후 동양이민으로서 미국에 첫발을 디딘 사람들은 중국 사람들이다. 미국이 서부 개척을 서두르고 멕시코 전쟁(1846- 1848)으로 캘리포니아를 비롯한 서부일대를 미국 영으로 예속시키고 난 1848년 말, 캘리포니아에서 엄청난 금광맥이 발견되어 '캘리포니아 금광 붐(California Gold Rush)'이 막 시작되던 때이다.

2. '차이나타운'은 우발적으로 생긴 동네가 아니고 중국인들을 격리하기 위해 시에서 구획한 계획지역

황화론(黃禍論)은 19세기 중엽부터 20세기 전반에 걸쳐, 미국이라든가 캐나다, 독일, 호주 등 서구 백인사회에서 황색인종을 위협적인 존재라고 주장하던 일종의 선동적(demagogic)인 표현이다. 인종차별의 일종이었으며 황색인종을 멸시하고 차별하던 사회풍조였다. 주로 중국인과 일본인을 대상으로 하였지만, 결국은 말 그대로 몽고나 한국인들을 포함한 황색인종 전체를 겨냥한 개념이라고 할 수 있다.

역사적으로 몽고의 유럽원정을 위시해서 빈번하던 동방 계 민족의 침공은 서구 기독교 문명에 위협이 되었다. 근대에 들어서는 청일전쟁(1894-1895)을 통해 일본이 세계열강 대열에 오르게 되었으며, 노일전쟁(1904-1905)으로 서구 백인 국가를 제압하는 등 동양인의 위세가 당당해졌다. 황색인종의 구미각국 이민의 숫자도 증가하면서 다시 황색인종에 대한 경계심과 공포감이 증폭되어 '현대 황화론'으로 이어졌다.

미국의 경우 황화 풍조는, 캘리포니아 '황금 붐', '대륙횡단 철도'의 부설, 농장개발 등으로 인한 급격한 노동력의 필요성에 따라, 중국인들과 일본인들의 이민이 급격하게 증가하면서 고개를 들게 된 것이다. 모국에서 빈곤한 생활에 쫓은 이들은 미국의 새로운 일터에서 저임금을 마다하지 않았기 때문에, 백인사회의 주된 근로 층이었던 이태리 계나 아일랜드 계 근로자들의 일터를 빼앗는 격이 되어 그것이 사회문제화 되면서 황화론이 제기된 것이다. 그러면서 동양인의 동화문제, 이민으로서의 자세 등도 비판 대상에 오르게 되어 증오감이 증대하였다.

이하 황화시대에 캘리포니아에서 발생한 황색인종 배척사건의 실황과, 그리고 황화사조를 반영한 입법조치 등을 살펴보기로 하겠다. 이러한 역사탐방은 당시의 여러 가지 사건의 진상을 일일이 캐내어 비판하자는 것이 아니고, 그러한 사건의 경위와 배경, 인과관계 등을 살펴서 거울로 삼고 다시는 그러한 비참한 일이 재발되지 않도록 노력하자는데 그 목적이 있다. 역사공부는 역사적인 사실을 구명하는 것으로 그치는 것이 아니고, 역사적인 사실이 주는 가르침을 실생활의 교훈으로 삼아 보자는데 그 목적이 있다.

반세기 이상 지속되던 황화풍조가 시들어 진지 이제 70여년 정도다. 동양인 중에서 중국인이라든가 일본인들은 그 쓰라린 인종차별과 멸시, 그리고 배척운동을 몸소 견뎌냈고 막대한 희생을 치르며 동양인 인권 회복에 진력하여왔다. 그러나 불과 50년 정도의 짧은 이민 역사를 지닌(1965년 기점) 신출내기 한인들은 황화라는 말조차도 잘 모른다. 혹시 동양이민인 한인들이 황화 역사를 잘 모르는 입장에서 무심코 하는 언행이, 또는 한인사회에 깔려있는 생활 풍조가 수용국가인 미국 당국과 기존 주민의 눈에 황화를 연상케 하는 상황으로 비쳐지는 경우가 생긴다면, 우리는 무서운 결과를 예상해야 할지도 모른다. '하룻강아지 범 무서운 줄 모른다.'는 속담이 있는데, 우리 한인 사회에서는 이민으로서 바람직한 자세가 어떠한 것인가를 잘 생각해 가면서 하룻강아지 노릇은 하지 않도록 노력해야 할 것이다.

황색인종의 차별대우는 우선 중국인들이 거처를 자유로이 가질 수 없게 하는 것으로부터 시작이 되었다. 중국인들이 모이기 시작한 곳은 금광마을(金鑛村)인데 중국인들은 마을에서 가장 뒤처지는 곳에서만 살게 하였다. Marysville, Yreka를 비롯한 광산 마을에서는 홍수의 위험성이 있는 개울이나 강변에서만 살 수 있게 하였고, Mendocino 같은 곳에서는 바닷가의 습지에 자리를 잡게 하였다. Amador County의 Fiddletown 같은 동네에서는 동네의 중간을 가로질러 지나가는 개울을 경계선으로 한쪽은 백인 촌, 또 한쪽은 중국인 촌으로 구획을 하였다. 그리고 백인들은 중국인 촌에 가서 마음대로 장사를 할 수 있게 했지만 중국인들은 백인 촌에 업체를 갖지 못하도록 막았다.

이렇게 격리된(segregated) 중국인 촌을 '중국인 구역'이라는 뜻인 'Chinese Quarter'라고 하였다. 1860년대 일로 Ventura County의 Ventura시에서는 중국인들은 시에서 공급하는 수돗물도 못쓰게 하고 하수도도 이용하지 못하게 하였다. 그러면서 세금은 여전히 징수했다고 한다. 그리고 시의 소방대에서는 중국인 촌에 출동을 거부하였기 때문에, 중국인 촌 자체에서 독립된 자체의 소방소를 만들어서 화재에 대비하였다.

샌프란시스코에서는 시의 경찰력이 부족하였으므로 시민이 청원경찰(special police)제도를 활용할 수 있게 하였고, 각 사업체나 동네에서는 청원경찰을 채용하여 재산보호라던가 안전업무를 보게 하였다고 한다. 그런데 중국인 동네에서는 일체 청원경찰을 채용하지 못하도록 규정하는 바람에, 중국 사람들은 자체 보호책으로 'Tong'이라는 이름의 경방단(警防團)과 유사한 단체를 조직하여 절도범이라든가 폭력배 등의 침입을 막아내도록 하였다. 훗날 'Tong'은 중국인사회의 폭력조직을 대표하는 집단으로 발전되었다.

샌프란시스코 시 주변의 중국인들은 도시의 여기저기에 산재해서 살았지만 1878년에 시당국에서는 중국동네를 구획하였다. 그리고 시의 모든 중국인들은 그 지역에서만 거주할 수 있도록 하였는데, 이것이 속칭 '차이나타운'의 시초이다. 그 구역의 경계선은 경찰에서 마음대로 늘이고 줄이는 등 조정하였다는데, 중국인촌의 경계선을 경찰이 좌지우지 하였다는 것은 경찰이 중국인 격리의 권한을 갖고 있었다는 것이며, 청원경찰 제도의 혜택을 누리지 못하게 하였다는 것은 중국인들이 법의 보호를 공평하게 받지 못하였다는 말로 환언되는 것이다.

3. 대륙횡단철도 개통으로 몰려든 동부실업자들과 염가 생필품 범람으로 생긴 서부 경제공황 원인 중국인들에게 돌려

중국인들이 미국을 찾은 것은 캘리포니아의 금이 탐났기 때문이었는데, 그 노다지판(No touch)에서도 초장부터 차디찬 차별대우를 받게 되었다. '금광 붐'의 시작연도인 1848년부터 2년째 되던 해인 1850년에 캘리포니아 주에서는, 금광에 종사하는 모든 외국인에게 매달 두당 $20(당시 화폐가치로는 큰 부담)의 세금을 납부할 의무를 부과하였다. 표면상으로는 모든 외국인이라고 하였지만 실제적으로는 중국인과 멕시코 인들을 겨냥한 법이었다고 한다. 1852년 5월에는 Yuba County당국에서 중국인의 금광 채굴권(採掘權 = claim)을 인정치 않는다는 고시를 하고 모든 중국인에게 County에서 떠나라는 추방령을 내렸다.

Columbia 광구(鑛區)에서는 아시아인과 남해 도서인(South Sea Islanders)은 채광 활동을 금지한다는 포고령을 내렸고, Shasta County에서는 기존의 중국인들의 채광권을 전부 취소하였다, 그리고 캘리포니아 주 의회에서는 법적으로 시민권을 받을 수 없게 되어 있는 자는 캘리포니아에 이주해 오는 것을 삼가 해야 한다는 법령을 제정했다. 중국인을 겨냥한 것이었다.

1856년에는 Yreka의 중국인 동네 인근의 백인들이 모여서 아무 이유 없이 중국인들에게 집단 폭행을 가하는 사건이 발생하였다. 이상과 같은 학대에도 불구하고 중국인들은 광산에 대한 미련을 버리지 못하고 채광이 아닌 상업이라던가, 세탁소, 잡부와 같은 일을 하게 될망정 일단 금광 촌으로 찾아들어갔다는 것이다.

중국인들은 Sonoma County라던가 Contra Costa County 같은 데서 포도재배와 포도주 양조장을 만드는 일에 참여하여 많은 공헌을 하였다. 또한 습지를 개간 한다든가 도로 건설을 한다든가 돌담을 쌓는 일에 종사하였다. 중국인들은 농사일에 재능을 갖고 있었으나 토지소유권을 갖지 못하였기 때문에, 자작농을 영위하지는 못하였고 야채류를 집집마다 갖고 다니며 파는 행상을 하면서 가계를 유지하였다. 그들은 남 캘리포니아의 Orange County나 Riverside County같은 데에서는 밀감류를 비롯해 여러 가지 과일을 재배하는데 불가결의 인력이었다는 것이다.

미역이라든가, 김, 다시마 등 해초류는 기르기가 어렵고 손이 많이 가는 것이었다. 그렇기 때문에 백인들이 별로 손을 못 대는 업종이었으므로 중국인들이 거의 독점하다시피 했고, 건조해서 중국으로 수출을 많이 했다고 한다. 1860년 중엽부터 중국인들은 새우 잡이를 해서 큰돈을 벌 수 있었다는데, 백인들이 새우의 맛을 모를 때라 잡은 새우는 대부분 건조해서 중국으로 보내 큰돈을 만들었다는 것이다. 그런데 차차 백인사회에서 새우의 수요가 생기면서 백인 경쟁자를 보호하기 위해 새우 잡이를 면허제로 하고, 중국 사람들이 쓰던 그물과 방법은 금지하였다. 새우 잡이 기간을 설정한다든가 크기에 제한을 둔다든가 해서 새우 잡이에 압력을 가하면서, 한편으로는 말린 새우의 수출을 전면 금지하여 결국은 중국인들을 그 분야에서 몰아냈다는 것이다.

시가(cigar) 제조 업계에서도 1859년부터 중국인을 고용하기 시작하였는데, 1870년까지 시가업계의 종업원 90%정도가 중국인이었으며 수많은 공장이 중국인 소유였다고 한다. 하지만 중국인 배척풍조 탓으로, 1880년대에 대부분의 중국인이 '시가' 업계에서 떠나게 되어 '시가업계'가 몰락하였다는 것이다. 이외에도 중국인들은 각종 업계에 진출을 하여 기반조성을 꾀하였으나, 백인 노동조합의 반 중국인 활동으로 인하여 뜻을 못 이루고 몰락하는 경우가 많았으며 졸지에 일자리를 잃는 사람이 많았다는 것이다.

일확천금의 꿈에 부풀어 캘리포니아 금광 붐(1848~1855)을 따라온 중국인들은 뜻밖의 멸시와 차별대우를 받으면서도 잘 견디어냈다. 또한 대륙횡단 철도 부설공사(1863. 1.~1869. 5.)의 서부구간 책임회사인 센트럴퍼시픽 철도회사(Central Pacific Railroad)의 주력공부(主力工夫)로써 막대한 희생을 치르며 공헌을 했다. 중국인들은 이 두 가지 대사(大事)가 끝나자 위에서 언급한 바와 같이 대부분이 뿔뿔이 흩어져 캘리포니아 각지에서 자리를 잡고 농업, 생산업, 잡부 등으로 귀중한 기술과 인력을 제공하면서 공헌을 하였다. 하지만 백인사회의 빈축은 여전하였는데, 설상가상으로 대륙횡단철도의 개통으로 전혀 예상치 않았던 경제 공황이 발생해 어처구니없는 희생양(scapegoat)으로 몰리게 되었다.

대륙횡단철도를 계획하고 막대한 비용을 들여서 시공한 것은 지리적으로 광범위한 국토를 하나로 묶는데 도움을 주는 일이었다. 인구를 널리 분산시키고 정치, 경제, 사회, 문화의 균질성(均質性)을 도모함은 물론이고 국민의 결집력과 단합력을 드높이려는 것이었다. 그런데 뜻밖에 캘리포니아에 동부의 실업자가 줄지어 들어오게 되었고, 동부에서 염가로 생산된 여러 가지 생활용품이라든가 생산기기 등이 범람하여 캘리포니아 경제가 큰 타격을 받게 되었던 것이다. 이 모든 악화된 경제현상을 중국인들의 저임금 탓으로 몰았다는 것이다.

중국인들을 사회적으로 멸시 당하게 한 요인은 여러 가지가 있지만 특히 쿠울리(coolie)라는 용어의 탓을 무시할 수는 없다. 쿠울리를 한문으로는 苦力(고력)이라고 쓰는데 그 원뜻은 '심한 일을 하는 잡부(雜夫)'이다. 노예에 가까운 처우의 노무자지만 결코 노예는 아닌 것이다. 그런데 중국인 이민초기에 미국사회에서는 미국에 온 중국 사람들은 모두가 쿠울리라는 이름의 노예라고 인식을 잘못하였고, 노예이기 때문에 이민으로 받아들이면 안 된다는 여론이 조성되게 되었다는 것이다. (참고: 미국서 노예제도가 법적으로 완전 폐지된 해는 1865년)

4. 1860년에는 캘리포니아 주에서 중국인 아동들은 공립학교(public school)에 취학을 할 수 없다는 법을 제정하다

결국 1862년에는 연방국회에서 '쿠울리 관계법'(Coolie Traffic Law)을 제정하여 시행케 하였는데, 이 법은 사상 처음으로 특정 소수민족을 지적하여 차별대우를 하는 이민법이었다. 이 법은 특별히 중국인의 이민에 제동을 걸기 위한 것이었는데, 중국으로부터 미국에 오려고 하는 '쿠울리'에게 교통수단을 제공치 못하게 하는 등 미국에 입국치 못하게 한 것이다.

이 법에는 단서가 붙어 있었는데, 현지 중국에 나가있는 미국영사가, 미국에 여행코자 하는 사람이 본인의 자유의사에 의해서 가는 자라는 증명(노예가 아니라는 증명임)을 해 주면 미국에 입국이 가능하였다. 간단한 절차인 것 같지만 실제적으로는 이러한 증명을 받기가 그리 쉬운 것이 아니었기 때문에 이민을 억제하는 법으로 효력이 있었다는 것이다. 곧이어 캘리포니아에서는 백인근로자들이 일자리를 얻으려고 할 때 쿠울리와 경합이 될 경우 백인이 우세하도록 하는 백인보호법을 제정하였는데 결과적으로 이러한 법이 중국인의 이민을 제어하는 데에 도움이 되었다는 것이다.

1860년에는 캘리포니아 주에서 중국인 아동들은 공립학교(public school)에 취학을 할 수 없다는 법을 제정하였다. 중국인들은 부득이 자체의 중국인 학교를 만들어서 아동들의 교육을 감당하지 않으면 안 되게 되었던 것이다. 중국인 차별대우가 거의 극도에 달한 것이었다.

1850년대에는 백인 이민만이 미국시민으로 귀화할 수 있다고 헌법 해석을 하였다. 그 당시의 헌법은 단지 백인과 흑인의 존재만을 인정한다는 이유로 황인종에 대한 처우문제는 도외시 하고 있었으나, 중국인 이민 수가 급증하면서 당면문제로 부각이 되자 잠시 동안은 백인도 아니고 흑인도 아닌 존재로 시민권을 부여하였다.

그런데 얼마 안 되어 황인종(Mongolian)은 시민으로 귀화할 수 없다는 유권해석을 내려 'aliens ineligible for citizenship'(시민으로 귀화 할 수 없는 외국인)으로 규정지었다. 이러한 법적 지위가 확정됨으로 해서 황인종은 선거에서 제외된다는 사실이 명백해졌고 토지의 소유권이라든가 광산 채굴권(鑛山 採掘權)도 영영 가질 수 없는 처지가 된 것이다.

이어서 중국인은 법정에서 증언(testify)할 수 있는 자격이 없다는 판례에 따라 법 앞에서도 차별대우를 받게 되었다. 중국인들은 세금도 내라는 대로 내고 미국 경제에 공헌하고 있었지만, 이상과 같은 불이익을 당하고 있었기 때문에 중국 국적을 고수하면서 모국 의존적인 생활을 유지하는 경향이 있었다.

근면하기로 소문난 중국인 근로자이지만 서부에서는 이상과 같은 차별대우라던가 배척운동으로 인하여 안정된 생활을 영위하기가 어려워서, 중국인에 대한 편견이 비교적 덜한 타 주로 이주한 중국인이 많아졌다. 백인노동조합에서는 중국인의 가입을 거부하고 있었기 때문에 업계에서는 중국인들을 파업방해요원(strikebreaker)으로 활용하기에 아주 좋았다.

반면 백인 노동조합에서는 중국인 근로자들의 스트라이크에 협조치 않았으며, 인종에 관계없이 동일 종류의 일에서는 동일한 액수의 임금을 받아야 된다는 원칙도 무시하였다. 중국인들의 저임금(低賃金)이 백인 근로자에게 불이익을 가지고 오며, 결과적으로 불경기를 몰고 온다는 이유로 중국인들을 배척하였다. 따라서 중국인들의 임금인상 운동의 뒷받침이 되어야 할 노동조합에서 중국인의 입회를 거부하고, 중국인들의 파업도 지지하지 않는 비합리적인 행위는 더욱 중국인 근로자들을 궁지에 몰아넣는 결과를 가져왔다.

중국인들은 이민의 도착항구인 샌프란시스코를 거쳐서 다음 목적지인 금광 붐 근원지 새크라멘토로 간 뒤, 금광 촌으로 번화한 매리스빌에 안착하는 경우가 많았다. 그 때문에 초기에는 샌프란시스코를 큰 부두라는 뜻으로 대부(大阜)라고 하였고, 새크라멘토를 그 다음으로 거치는 곳이라는 뜻으로 2부(二阜), 매리스빌을 3부(三阜)라고 하였다. 통계에 의하면 1870년까지 중국인들은 캘리포니아 286개의 대소 도시에 퍼져 각종 생업에 종사하면서 살았으며 고장마다 중국어로 별명을 붙였다는 것이다. 중국인들은 공식적인 지명은 잘 쓰지 않고 별명으로만 통할 정도여서 우체부나 속달 화물회사 등에서도 중국 명을 모르면 불편하기 때문에 지명을 일일이 중국어로 외워야 할 정도였다고 한다.

중국인들은 거처(居處)의 자유도 박탈당하다시피 되었고 경제 활동에서도 손발이 묶인 상태였으며, 노동판에서도 백인 노동조합의 압력을 받아야 할 처지에 놓였다. 설상가상으로 중국 인들은 백인사회의 증오의 대상이 되면서 폭행의 위험성에 직면하게 되었다. 그 중에서도 가장 참혹했던 사건은 1871년 1월 24일에 LA 중국타운에서 벌어진 중국인 학살 사건이다. 사건의 발단은 백주에 두 중국인이 권총을 뽑아 들고 벌인 길가에서의 싸움이었다. 지나가던 행인들이 그 광경을 구경을 하기 위해서 운집하게 되었는데, 그러던 중 한 쪽에서 쏜 탄환이 백인 구경꾼에게 명중하여 그 자리에서 숨졌다고 한다. 그 광경을 목격한 어떤 젊은이가 격분한 나머지 총을 쏜 그 중국인을 문책하며 폭행을 하자 구경꾼이 모두 들고 일어나서 주변 중국인들에게 폭행을 가했다고 한다. 그뿐 아니라 인근 중국인 상가에 쳐들어가서 물품을 약탈하는 등 소동을 벌였다고 한다. 이 소동에서 중국인 19명이 폭도들에게 맞아 죽었고 백인 희생자는 사건의 원인이 되었던 그 한 사람뿐이었다고 한다. 주모자는 현장에서 경찰을 피해 도망을 쳤기 때문에 무사하였는데, 인명 이외의 중국인들의 물질적인 피해는 당시 화폐로 못해도 $30,000에서 $70,000 정도였다고 한다.

5. 1882년에 드디어 중국인 배척법(Chinese Exclusion Law)이 제정되어 중국인 노무자의 이민이 전적으로 중단되다

1871년의 L.A. 중국인 학살사건 이후, Yreka, Chico, Weaverville의 중국 사람들이 사는 동네에서 연속으로 방화하는 사건 등이 있었다. 1874년에는 샌프란시스코에서 근로당(Workingmen's Party)의 집회가 있었는데, 이 사람들이 주동이 되어 3일간이나 반 중국인 폭동을 계속하였으며 기간 중 폭도들은 중국 동네에 쳐들어가서 약탈행위를 자행하였고 동시에 수명의 중국인을 살해하였다. Place County의 Rocklin이라는 고장에서는 백인 목장주(牧場主)가 살해된 사건이 있었는데, 중국인의 소행이라고 단정을 한 동네 사람들이 중국동네 건물들을 파괴하고 불을 지르는 등 폭행을 가하고 중국인들을 그 고장에서 추방하였다. 이러한 일이 있자 인근의 Loomis나 Gras Valley, Penryn 등에서도 같은 수법으로 중국인들을 몰아냈다.

1870년대 초기에 샌프란시스코 시에서는 중국인들 주택공간의 넓이, 목도, 댕기머리(길게 땋은 머리)등에 관한 시조례(市條例)를 제정하였다. 주택에 관한 조례를 Cubic Air Ordinance라고 하였는데, 공간에 관한 조례라는 뜻으로 주거지의 공간 크기와 상점의 넓이를 규정한 법이었다. 목도(무거운 물건을 운반할 때 어깨에 걸치는 장대)의 사용을 금하는 조례를 Sidewalk Ordinance라고 하였다.

Queue Ordinance라는 조례는 중국인이 감옥에 투옥이 되면 우선 길게 땋은 댕기머리를 잘라버리도록 한 것이었다. 당시 중국은 만주조(滿洲朝)인 청나라 때로 한족(漢族) 복종의 상징으로, 모든 남자는 댕기머리를 하도록 하였으며 위반자는 사형을 했다고 한다. 미국에 온 중국인들 중에는 고국에 가족을 두고 왔으며, 어느 정도 돈을 벌면 고국으로 돌아갈 작정이었던 사람이 많았기에 땋은 머리를 자른다는 것은 치명적인 일이었다. 세탁소를 하는 중국인들에게는 백인 세탁소보다 더 많은 세금을 내도록 하였으며, 업소의 구조 등에 관해서 까다로운 규정을 제정하여 중국인들을 업계에서 몰아내는 술책을 썼다.

중국인 배척풍조가 절정에 달한 1882년 연방 국회에서는 중국인 배척법을 제정하였다. 'Chinese Exclusion Law' 라는 법인데 이민법에서 특정 국민의 이민을 막는 법으로서는 첫 번째 법이었다. 중국인 노무자(Laborers)의 입국을 막았으며, 미국에 입국할 수 있는 신분을 외교관, 학생, 상인, 관광객, 교사로 제한하였다. 이법은 우선 유효기간을 10년으로 하였는데 후일 계속해서 연장이 되었으며, 중국인 입국이 전적으로 완화되면서 효력을 상실하였다.

일본이 미국과 수호통상조약을 맺은 해는 1858년으로, 1868년에는 명치유신이 있었고 미국에 첫 번 이민단을 보낸 해는 1885년이다. 중국인 첫 이민단이 미국에 입국한 해인 1848년보다 37년이 뒤진 해이며 중국인 배척법이 이미 제정된 이후의 일이다. 그리고 일본인 이민 노무자들은 초기에는 주로 하와이에 밀집해 있었기 때문에 동양인 배척 바람을 덜 탔다. 당시 하와이는 하와이 왕국으로서 독립 국가였으며 일터는 미국인들이 소유하고 있던 사탕수수 밭이나 파인애플 밭이었다. 1893년에 현지 미국인들이 미 해병대의 힘을 업고 쿠데타를 일으켜 1894년에 하와이 공화국을 수립하면서 하와이 왕국은 멸망(1895)하였다. 3년 후인 1898년에 미국이 하와이 공화국을 흡수하여 미국의 영토(territory)로 영유하게 되었고, 1959년에 50번째 주로 미합중국에 편입되었다.

20세기에 들어서면서 하와이에서 근로계약을 마친 일인 농부들이 캘리포니아에 몰려들기 시작하였다. 중국인 근로자들의 입국을 법으로(Chinese Exclusion Law-1882) 막은 관계로 일부에서는 근로자의 손이 부족해서 불편하였지만, 마침 일인들의 입주로 그 불편을 덜 수가 있었다. 그러나 저임금 일인 노무자들과 경쟁을 하여야 하는 백인 근로자들은 여전히 동양인 근로자의 존재를 잘 받아들이려고 하지 않았다.

1905년에는 조직적인 일인 배척을 위하여 백인근로자들이 'Asiatic Exclusion League' (동양인 거부 동맹)라는 조직을 만들어 온갖 수단으로 제동을 걸었다. 일본인들은 대체적으로 뿔뿔이 흩어져서 살았으며 농사에 종사했는데, 역시 시민권 취득을 할 수 없는 범주에 들어있는 이민이었기 때문에 토지소유가 불가능하여 소작인으로 일을 하는 수밖에 없었다.

일본인 근로자들에 대해서는 시기도 그렇고 종사하는 분야도 비교적 제한되어 있었기 때문에, 사소한 반일 사건이 간간이 있기는 하였으나 괄목할만한 사건은 별로 없었다. 그렇지만 공립학교에 동양인 아동 취학이 금지되어 있었다거나, 백인과의 결혼이 금지되어 있었거나 하는 이미 시행중인 반 동양인 법 조례를 피할 길은 없었다.

일인 1세들은 연령적으로 보아도 장년기에 들어선 층과 노년층에 들어선 층이 많아졌으므로, 적적함을 달래기 위해 상공회의소라든가 친목회 등 모임을 많이 갖고 있었다. 이런 모임은 모두 미일관계가 악화되기 시작한 만주사변이 일어나던 해인

1931년경부터 사정당국의 주목의 대상이 되어왔다. 특히 일본 본토로부터 자금지원을 받는다든가 밀접한 관계를 맺고 있던 단체는 친일단체로 수사의 대상에 오를 정도가 되었다.

6. 황화와 같은 역사의 되풀이를 막으려면 우리는 미국화를 위한 노력을 게을리 해서는 안 된다

당시 제국주의 국가로서 급진적으로 국세 확장을 해나가는 일본의 위세를 대견하게 여겨 캘리포니아의 일부 일인들이 '흑룡회(黑龍會)'라는 친목단체를 만들어 모국의 업적을 논하고 칭송하였다. 이모임은 일본 본토와는 아무 연관이 없었는데도 불구하고 1차적으로 수사대상이 되었고 많은 간부들이 경찰에 구금까지 되었다. 흑룡회의 '흑룡' 이라는 말은 소만국경(蘇滿國境)을 따라 흐르는 큰 강 이름인데, 일본군이 거기까지 진군을 했다는 사실을 기리기 위해서 붙인 이름이었다.

황화풍조가 중국인만을 대상으로 하는 사회현상이 아니었다는 점은 '황화'라는 낱말을 보아도 자명해지지만, 황화와 연관된 법이라든가 지방관청의 조례에서도 '몽고리안(Mongorian)'이라는 표현을 써서 중국인뿐만이 아니라 한인, 일본인, 몽고인 등 황인종 전체를 포괄하는 사조라는 것을 명백히 하곤 하였다. 그렇지만 한인이라든가 일인은 중국인보다는 덜 화를 입었는데 특별히 예외적인 존재로 인정이 되어서 그랬다고는 할 수 없고, 이민의 역사가 짧아서 그러한 결과가 왔다고 보아야 할 것이다. 그리고 이민초기의 근거지가 캘리포니아가 아니고 하와이였다는 입지적인 관계도 있었다고 보아야 할 것이다.

1939년 9월 1일 독일의 폴란드 침공을 기해서 제 2차 세계 대전이 터지자, 미국에서는 독일은 물론 독일과 동맹관계에 있던 이태리와 일본계 미국인들에 대해서도 동태 파악과 내사를 하였다. 이 세 나라의 영주권자와 귀화시민은 모두 경계대상이 되었고 FBI의 '요시찰 명부(Custodial Detention Index = CDI)' 에 오르게 되었다. 1940년 6월에는 '외국인 등록법(Alien Registration Act)' 을 만들어 14세 이상의 모든 영주권자는 지정관서에 가서 주민등록을 하여야 했고 지문을 찍게 하였으며, 주소가 변경되면 변경일로부터 5일 이내에 소관 관청에 신고를 하도록 했다.

이상과 같은 과정에서 미국 내의 친일분자라고 인정되는 일본인 1세나 2세 중에서 FBI에 연행된 용의자가 속출하였는데, 1941년 12월 7일 (미국시간) 일본이 진주만 공격을 감행하자 일인들에 대한 백인들의 감정은 악화될 대로 악화되었다. 당시 미국 본토 서해안에 살고 있던 일본인의 인구는 127,000여 명이었는데, 그 중에서 일본제국의 전시 협력자로 반 미국적 행동을 할 일본인이 많을 것이라는 판단을 한 것이다. 그리고 군사지역으로 지정되었던 서해안 일대에서 110,000명에 달하는 일본인 전체를 전시강제수용소(War Relocation Center) 10개소에 강제 수용하였다. 이 조치의 합법성과 타당성에 관해서 훗날 법조계나 학계에서 물의가 빚어지면서 항간에 널리 알려지게 되었다. 당시 행정명령 9066(Executive Order 9066)과 존 데윗 중장(John L. DeWitt, Western Defense Command)은 다음과 같은 연유로 이 문제의 핵심이 되었다.

미국에서는 일본계 미국주민들이 조국애라든가 진주만 공격의 성공으로 보아 일본제국의 전쟁 수행에 협력할 가망성이 많을 것이라는 기우가 생겼다. 법조계와 군부에서는 갑론을박 여러 가지 안을 검토하였지만 결론이 쉽게 나지 않았다. 이에 루즈벨트 대통령은 이 문제를 일단 해당지역의 군사령관에게 일임하기로 하고 1942년 2월 19일자로 행정명령 9066호로 그 안을 하달(下達)하였다. 그리고 군사령관에게 관할지역의 전체 또는 일부를 군사구역(military area)으로 지정할 수 있고, 그 구역 내 주민 중 작전에 불리하다고 여겨지는 주민을 임의로 다른 고장으로 이주시킬 수 있는 권한을 부여하였다.

이때 서부지역의 방위사령관은 존 데윗 중장이었는데, 그는 이 명령을 근거로 캘리포니아 주 전체, 오레곤 주, 워싱턴 주 일부, 애리조나 주 일부를 '군사구역 1호'로 지정했다. 그리고 그 안에 거주하고 있는 일본인 110,000명 전원을 강제 수용소에 보내기로 결정하였다. 이중 75%는 미국태생 일본인으로 미국시민이었다. 그 당시 일본인이란 '1/8 이상 일본인의 피가 섞여있는 동양인'으로 정의하였는데 혼혈 일인도 일본인으로 취급하였다는 뜻이다. 수용소에 보낼 일본인들 중에 미국태생 일본계 미국시민도 많이 섞여있는 것에 대하여 항간에서 다소 물의가 있었는데, 데윗 장군은 'A Jap is a Jap.'라고 반론을 제기하였다고 한다.

Jap이란 일본사람을 비하하는 말로 '영주권자건, 미국에 귀화를 하였건, 미국에서 태어났건 일본인은 일본인'이라는 뜻이다. 이렇듯 황화로 인한 동양인에 대한 편견은 그때도 여전하였던 것이다. 일본계 미국인들은 1942년 3월 23일에 강제수용이 되기 시작하여 3년 후인 제 2차 세계대전이 끝나는 날까지 수용되어 있었다. 편도 교통비만을 지급받아 수용소를 나선 이들은 원래의 거주지를 찾아 귀환을 하기는 했지만, 가옥과 사업체, 농경지 등은 모두 폐허가 되었으므로 눈물과 피땀을 흘려가며 재기하여 새 출발을 할 수 밖에 없었다.

미국에서의 황화 소동은 일본인들의 전시 강제수용을 절정으로 차차 사라지기 시작하였고, 1950년대에 들어서면서 탄력을 얻은 민권운동의 여파로 슬금슬금 자취를 감추게 되었다. 우리는 위에서 황화의 비참한 실황을 간단하게나마 산발적으로 살펴보았다. 평등과 자유를 신봉하는 민주주의의 땅 미국에서 어떻게 그러한 일이 벌어질 수가 있었을까 하고 의심치 않을 수가 없을 것이다. 이러한 사회현상은 복잡다단한 수많은 요인의 상호작용의 결과로 역사계의 전문가가 아닌 이상 요약하여 평할 수는 없지만, 제 2차 세계대전 이후 학계에서 유도해낸 결론을 피상적으로나마 요약하여 본다면 다음과 같은 두 가지로 집약이 된다.

경제적인 측면과 사회/문화적인 측면이다. 중국인들은 처음에는 금광(金鑛)을 찾아서 미국에 발을 디딘 사람들이다. 당시 모여든 중국인들은 본국에서 빈곤하게 살던 층 사람이 많았는데 이들은 물불을 가리지 않고 채광(採鑛)에 몰두하였고, 일부 잡부로 고용된 사람들은 임금이 문제가 아니고 얼마를 받던지 일자리만 있으면 된다는 식이었다. 이러한 그들의 취업자세가 금광촌에 경종을 울린 것이다.

그때만 해도 미국의 주인은 백인이라고 하던 백인우월주의시대였는데, 금광업자간의 경쟁에서 중국인들이 유력해지는 것이 싫었고, 노동시장에서는 중국인들이 임금 고하를 가리지 않고 취업을 해서 백인 근로 층 사람들이 일자리를 많이 잃어버리게 되었다고 비난받게 되었다. 그리고 사회적으로는 그들은 이민이었지만 이민의 본분은 아랑곳없이 돈벌이에만 열중해 사회적으로 고립되어 주위의 빈축을 사게 된 것이다.

이민 1세가 우선 알아야 할 것은 미국은 남의 터전이라는 엄연한 사실이다. 남의 터전에서 살려면 그 고장의 법도(法度)를 따라야 한다. 이민이 따라야 하는 가장 기본적이고 우선적인 것은 시민권 수여시의 충성 맹서의 내용처럼 '모국에 대한 충성심을 송두리째 버리고 미국에 충성을 다하여야 한다'는 것이다. 이민은 미국에 온 해외 근로자가 아니다. 이민은 이민답게 살아야 수용국가에서 제대로 된 사람대접을 받게 되어있다.

제 2장

평화통일 *

1. 이해가 어려운 '시나리오' 남북정상회담

얼마 전에 대한민국 정부에서는 2007년 8월 5일에 조인된 '노무현 대통령의 평양방문에 관한 남북합의서'를 발표하였다. 이 문서는 남측에서는 국가정보원 원장 김만복, 북측에서는 통일전선부 부장 김양건이 서명한 것으로, 그 서두에는 '대한민국 노무현 대통령과 조선민주주의 인민공화국 김정일 국방위원장의 합의에 따라 오는 8월 28일부터 30일까지 노무현 대통령이 평양을 방문하기로 하였다.' 라고 적혀 있다. 그 본문은 다음과 같다.

* 이 글은 저자가 베이 지역 일간지 "교차로"에 "남북회담"이라는 제목으로 연재한 칼럼을 전재한 것임 (2007.8.~2007.9.)

“남북 정상 분들의 상봉은 역사적인 6.15 남북공동선언과 우리 민족끼리 정신을 바탕으로 남북관계를 보다 높은 단계에로 확대 발전시켜 한반도의 평화와 민족공동의 번영, 조국통일의 새로운 국면을 열어나가는데서 중대한 의의를 가지게 될 것이다.”

김대중 전 대통령이 2000년 6월 13일부터 6월 15일까지 평양을 방문해서 김정일과 회합한 것이 1차 정상회담이고, 이번 상봉은 2차 정상회담이었다. 원래는 김정일이 남쪽으로 가도록 1차 회담에서 합의를 한 바 있지만, 본인이 남쪽으로 가는 것을 싫어하기 때문에 노무현 대통령이 북한으로 찾아가겠다고 요청해서 이루어지게 된 것이라고 한다.

이러한 발표가 있자 한국의 정계에서는 물론, 미국에 거주하는 동포들 사이에서도 이 회담을 환영하며 많은 기대를 건다는 의사를 공식적으로 발표한 이들이 있다.

우리는 미국 시민으로 귀화를 할 때, 미국 연방정부 법관 앞에서 손을 들고 한국에 대한 충성심을 송두리째 포기하고 미국에 충성을 다할 것을 맹서한 미국 시민이다. 그리고 모국인 한국이 미국의 우방으로서 자유 민주주의를 고수하며, 자유진영의 일원으로서 국제사회에서 인정받는 국가로 존재하기를 기대하는 사람들이다.

한국이 싫어서 미국에 이민을 온 경우라도, 우리는 모국에 대해서 언제나 모든 것이 다 잘되기를 기대하며 살고 있다. 그것은 어쩔 수 없는 인지상정이다. 더욱이 연령적으로 6.25의 실전을 겪은 층이라면, 그때 생사를 걸고 지켜낸 우리의 민주이념과 가치가 존중되어야 한다는 염원 때문에 더욱 크게 관심을 갖게 된다.

정치 행태라든가 사회현상을 올바로 논하려면 관련된 사실과 자료를 충분히 검토하고 학리(學理)라든가 역사, 주변 상황 등 많은 변수(valuable)를 참작해서 결론을 내리는 것이 옳다. 그러한 관계로, 미국에 살면서 특별히 그 분야에 종사하지 않는 한은 한국 정세를 정확히 올바르게 평하기는 어렵다. 자칫하면 편견에 빠지기 쉽고 오류를 범하기 쉬우며 흑백논리나 이분법에 빠지기 쉽기 때문이다.

이번에 발표된 정상회담도 역시 우리 입장에서 누가 배후인물이고, 실제적인 주제가 무엇이고, 어떠한 결과를 기대해야 하는지 올바르게 분석하기는 어렵다. 그러나 우리는 이 사건을 독립된 정치적인 단일사건으로 다루기 이전에 정치, 군사학적인 측면에서 그 타당성과 본질부터 검토해 볼 필요가 있다. 이 사건에 관련된 충분한 자료도 필요 없다. 지금 주어진 환경에서 정상회담이라는 모임 자체가 있을 수 있는가를 검토해 보자.

1998년도에 김대중 전 대통령이 들고 나선 햇볕정책을 이어받아, 한국을 친북좌경 국가로까지 몰고 간 한국의 현 집권자들은 한반도가 아직 전쟁 중이라는 엄연한 사실을 외면하고 있다. 그들은 누가 적이고 내 편인지 조차도 제대로 분간을 못하고 있는 형편이며, 평화를 돈으로 살 수 있다고 생각하는 사람들이다. 한국이 아무리 금력만능의 사회라고 해도 평화를 돈으로 살 수 있다고 생각한다는 것은 너무나도 엄청난 비약이다. 이 사람들은 국제정치에서 평화를 어떻게 정의하는지 조차도 잘 알지 못하고 있는 것 같다. 현재 대한민국은 그 정체(identity)가 무엇이며 어디로 가고 있는지 알아내기가 어려운 상황이다. 망국의 위기로까지 몰고 가는 것이 아닌가 하고 걱정되는 때가 많다.

우리는 2차 정상회담을 앞두고 그 회담을 이끌어낸 햇볕정책이란 무엇이고, 그러한 정책이 과연 정치학적, 군사학적으로 정당화될 수 있는지를 확인해볼 필요가 있다. 그리하여 우리는 한국 정세를 좀 더 올바르게 읽고 미국 시민으로서 우리의 입지를 올바로 인식하여야겠다.

한국은 아직 6.25사변을 계속하고 있는 전시하의 국가다. 전투는 중단이 되었지만 휴전 상태다. 이 전쟁을 남한에서는 '6.25 사변'이라고 하다가 2004년에는 '6.25 전쟁'이라고 이름을 정식으로 바꾸었다. 정부가 어떠한 의도에서 바꾸었는지는 모르겠지만 이것도 햇볕정책의 일환이라면 한심한 일이다. 북한에서는 여전히 '조국해방전쟁'이라고 한다. 전장 248km의 휴전선은 철조망이 시계를 가로막고 있으며, 양쪽에서 호시탐탐 칼끝을 맞대고 있다. 한국의 휴전선은 현재 세계에서 가장 삼엄하게 지켜지는 군사 분계선이며 가장 무기가 많이 집결되어 있는 분계선으로 알려져 있다.

양측에서는 여전히 '군비확장경쟁'을 계속하고 있으며 북한에서는 핵무기까지 개발하였다. 이 핵무기는 다른 목적도 있겠지만 우선은 남한을 겨눈 무기라고 보아야 한다. 툭하면 "때가 되면 남한을 잠시 동안에 불바다로 만들어 놓겠다."고 하는 북한의 폭언도 이러한 핵무기가 담보되어 뒷받침되기 때문이라는 사실을 우리는 잘 알아야 한다.

남북 정보전은 여전하다. 정보전은 전쟁에서 무력전에 다음갈 정도로 중요하다. 북한의 대남 첩보활동은 날로 고조되고 있지만 남한에서는 '간첩' 잡는다는 보도가 없는 것을 보면 중단을 한 것 같다. 김대중 전 대통령은 임기 동안인 2000년 9월 '비전향장기수' 로 감옥에서 복역 중인 간첩을 모두 북한으로 송환했다. 그 중에는 1985년 북한 간첩의 거두라고 하는 심광수도 포함되어 있다. 정보전은 햇볕정책의 덕으로 북한이 압도적으로 우세하다.

북한은 모략전(military artifice)과 심리전에서 남한을 훨씬 앞서고 있다. 많은 북한 공작원이 햇볕정책의 덕으로 남한에서 자유로이 활동할 수가 있기 때문이다. 북한은 6.25사변을 일으킬 때 당시 남한에서 친 공산주의 활동을 하던 자들이 후방에서 봉기하리라고 믿었다고 한다. 하지만 그것이 허사로 돌아갔기 때문에 휴전 협정 후 유사시에 후방 교란을 시킬 작전을 철저하게 구상하고 있다고 한다.

1953년 7월 27일 성립된 휴전 협정은 당일로 발효되었다. 휴전 협정 조인의 당사자는 M. W. Clark 국제연합군사령부 총사령관, 김일성 조선인민군최고 사령관, 팽덕회(彭德懷) 중국인민지원군사령관이었다. 한국 측에서는 이승만 대통령이 휴전협정에 불복하고 조인을 하지 않았다.

2. 전쟁은 한쪽이 이기고 한쪽이 져야 끝나는 법, 협상으로 끝내면 후환만 조성

우리는 한국문제를 다룰 때 우선 한국과 북한은 정치적인 개체(political entity), 즉, 정체(政體)로써 서로 어떠한 관계를 갖고 있는 것인가 하는 점을 분명히 짚고 넘어가야 할 필요가 있다.

대한민국은 헌법상 북한을 어떻게 규정하고 있는지 그 법적 존재를 확인하자는 것이다. 대한민국 헌법에서는 대한민국의 영역(領域)을 '한반도와 그 부속 도서'라고 규정하고 있다. 1948년 7월 12일의 건국헌법과 그 이후 8차에 걸쳐 개정된 헌법에서도 이 조항에는 아무 변동이 없었다.

북한이 한반도에 위치하고 있는 이상 북한은 대한민국의 통치하에 있게 되어 있다. 만약에 북한이 대한민국의 통치를 받지 않는다면 북한은 대한민국을 부인하는 반도(叛徒)의 집단이라고 규정지어지게 된다.

그러나 실질적으로는 남북이 분단된 상태에서 서로 자체의 정부를 수립하고, 각기 자체의 정부가 합법적인 정부이며 한반도

전체를 영역으로 한다는 주장을 하게 되었다. 결국 양 쪽에서는 상대 쪽을 불법 정체로 규정하고 반대편의 영토를 실지(失地)라고 규정을 하게 되었다는 것이다.

대한민국정부에서는 북한에서 미리 국교수립을 하고 대사관을 갖고 있는 국가에는 대사관 설치를 하지 않았다. 상대국가가 국가가 아닌 북한을 국가로 인정하였기 때문에. 남한에서 그 국가에 대사관을 설립하면 북한을 자동적으로 국가로 인정한다는 뜻이 되기 때문이었다.

남한에서는 북한을 북괴(北傀)라고 하였다. 북한 괴뢰(傀儡)라는 말을 줄인 말이다. 괴뢰라는 말은 '꼭두각시'라는 뜻인데, 북한은 한국에서 공산주의를 신봉하고 있는 소련의 꼭두각시라는 뜻에서 붙인 말이다. 따라서 인민군은 괴뢰군이라고 하였다. 북한의 요직에 있는 자들에 대한 호칭에도 직명을 부치지 않았었다. 상대방의 직분을 인정하지 않는다는 뜻이었고, 비하하는 것이 목적이었다. 김일성 수령을 '김일성이', 김정일 국방위원장을 '김정일이'라고 불렀다는 뜻이다.

전란의 호칭도 '6.25 동란', '6.25 사변'이라고 했다. 북한은 반도(叛徒)의 집단이었기에 북한의 군사행등을 '난동'으로 규정했던 것이다. 미국에서도 6.25사변을 '경찰권 발동(police action)'으로 규정하고 '한국동란(Korean Conflict)'이라고 했다. Korean War라고도 하지만 공식호칭은 '한국동란'이다.

그런데 김대중 전 대통령이 집권하면서 햇볕정책이라는 '대북화해협력정책'을 들고 나오면서 남북공조요, 남북 정상회담이요, 공동선언이요, 경제협력이요, 하면서 대한민국은 북한과 동등한 입장에서, 또는 북한에 끌려 다니면서 만나게 되었고 지금도 그 일은 계속되고 있다. 한국에서는 6.25를 상기하는 사진이라든가 글마저도 공개 전시하지 않는 방향으로 몰고 나가고 있으며, 6.25 기념행사도 안 하는 방향으로 움직이고 있다. 현 대한민국의 헌법이 유효하다면 있을 수 없는 일이다.

'김일성이'가 '김일성 수령', '김정일이'가 '김정일 국방위원장'이라는 이름으로 불리게 되었고, 북괴라는 호칭도 조선민주주의인민공화국이라고 바뀌었고, 괴뢰군은 북한군 또는 인민군이라는 이름으로 바뀌었다.

현실적으로 북한의 막강한 군사력이라든가 국제사회에서의 위치 등으로 인해 남한에서는 북한을 국가로 인정하지 않을 수 없는 입장이 되었다. 이러한 변화를 현실화하기 위해서 대한민국에서는 제 4공화국 때에 헌법에 '대한민국은 통일을 지향하며, 자유 민주주의적 기본질서에 입각한 평화적 통일정책을 수립하고 이를 추진한다.'라는 조항을 헌법 제 4조에 추가하였다. 그리고 제 92조에 '민주평화통일자문회의'를 규정하게 되었다. 북한을 억지로 독립된 정체(政體)로 인정하자는 식이 되었다.

또한 1991년 남북한 유엔 동시가입은 정국에 큰 변화를 가져왔다. 공개적으로 북한을 국제사회에서 국가로 인정하게 된 것이다. 한국정부가 건립되던 당시 유엔에서는 '유엔총회 결의안 293호'로 '대한민국만이 해당지역에서 합법적으로 건국된 국가'라고 규정하였는데, 남북한을 동시에 가입시키면서 북한도 일단 독립된 정부로 인정하는 격이 되었기 때문이다.

국제사회에서 북한이 독립된 국가로 인정되고 국내에서는 헌법을 어기거나 묘하게 간접표현을 하며, 현실적으로는 북한을 대등한 국가로 인정하면서 위정자들이 착각을 일으키기 시작한 것이다. 더욱이 헌법에서 '평화적 통일 정책'이라던가 '민주평화통일자문회의'등 언어가 사용되다 보니, 마치 한국 땅에 평화나 찾아온 것 같이 현실을 망각하게 되었다. 이북과는 대화만이 통일을 꾀하는 길이라고 생각하게 되어, 이런 사람들은 아직도 한국이 북한과 전쟁을 하고 있다는 사실을 까맣게 잊은 것이다.

전제(前提)를 정확히 하지 않은 계획과 행동은 엉뚱한 결과를 갖고 오게 마련이다. 환상을 토대로 해서 세운 소위 햇볕정책은 다음과 같은 기본 방침으로 요약이 된다.

(1) 북측의 무력 도발을 허용하지 않는다.
(2) 남측은 흡수 통일을 시도하지 않는다.
(3) 남측은 화해와 협력을 추진한다.

첫 번째의 '북한의 무력 도발' 운운은 일단 휴전상태에서 다시 전투 재개상태로 돌아가지 말자는 이야기인데, 무력도발은 상대방의 의사를 물어보고 하는 것이 아니다. 현 상태에서 남쪽에서도 그렇고 북쪽에서도 그렇고 유리한 조건이 조성이 되면 무력행사를 하게 되어있다. 현재 휴전상태기에 선전포고 없이 전투를 재개해도 할 말이 없는 것이다.

전쟁은 냉정하다. 내가 죽지 않으려면 상대방을 죽여야 하는 것이 전쟁이며, 한쪽이 이기고 한쪽이 져야 끝나는 것이 전쟁이다. 남북 양쪽에서 집행하고 있는 막대한 국방비는 이러한 전쟁의 원칙을 어길 수가 없기 때문에 책정한다는 것을 잊어서는 안 된다. 우리는 변칙적으로 전쟁을 끝내면 다시 제 2의 전쟁이 재발한다는 역사적인 교훈을 잊어서는 안 된다.

제 2차 세계대전은 불확실하게 끝낸 제 1차 세계대전의 산물이다. 제 1차 세계대전 후 전승국가인 영국, 프랑스, 미국 등에서는 평화를 구가하며 태평성대를 누리고 있었다. 앞으로 전쟁을 하면 안 된다는 평화주의에 젖어 있었다. 때문에 재군비를 한 독일이 요구하는 조건을 조금씩 들어주면서 융화정책을 쓰게 되었는데, 그것이 훗날 큰 우환을 불러온 것이다.

희대의 명정치가 Winston Churchill은 융화 정책을 다음과 같이 비유한 바 있다.

> "융화정책을 쓰는 사람은 자기를 잡아먹게 되어있는 악어에게 먹이를 던져주면서, 자기는 제일 마지막에 잡아먹기를 원하며 시간 연장을 하고 있는 사람과 같다. (An appeaser is one who feeds a crocodile hoping it will eat him last.)"

3. 햇볕정책이 북한무력도발을 억제 하고 있다는 주장은 언어도단

햇볕정책의 전제(前提)요 기본방침의 하나인 '북측의 무력도발을 허용하지 않는다.'라는 말은 허언(虛言)이요 환상에 젖은 구호에 불과하다고 할 수 있다. 무력도발을 허용하지 않으려면 상대방이 무력도발을 할 수 없게 하는 철통같은 방위능력과 반격능력을 우리 측에서 갖추고 있어야 한다. 과연 한국이 단독으로 북한을 군사적으로 견제할 수 있는 능력이 있는지 우리는 냉정하게 판단해볼 필요가 있다.

남한은 지금 날조된 평화 풍조에 휩쓸려서 국방문제를 도외시하다시피 하고 있기 때문에 남열북우(南劣北優)의 군사능력 차이는 날이 갈수록 더해지고 있다. 정부에서는 마치 통일이나 된 듯이 한국의 주적(主敵)은 북한이 아니라고 하는가 하면, 전시작전권 이양을 주장하기도 했다. 한국에서는 과연 북측의 무력도발을 억제할 기본자세가 되어 있는 것인가?

전쟁에는 후방 교란(military artifice)이라는 작전이 있다. 적 국민의 투지를 꺾고 일선 군인들의 전의를 약화시키는 공작을 뜻한다. 햇볕정책은 국민에게 '평화통일'이니 '남북공존'이니

‘경제협력’이니 하는 구호를 외치면서 환상에 젖은 평화무드를 조성케 하여 전의를 꺾고 있을 뿐 아니라, 대남공작원들의 활동을 자유롭게 해줌으로 후방붕괴의 위험성을 조장하고 있다. 남한의 적화를 노리는 북한의 기본방침은 지금도 여전히 살아있다는 사실을 우리는 잊어서는 안 되겠다.

북한에서는 6.25를 여전히 ‘조국해방전쟁’이라고 하며 남한을 겨냥해서 핵무기를 개발했는데, 남한에서는 도리어 그러한 북한의 움직임에 동조하다시피 하고 있다. 북한을 경제적으로 지원해줌으로 군사력신장을 돕고 있는 것이다. 적에게 경제적 지원을 해주면서 전쟁을 하는 나라는 역사상 대한민국 하나 밖에 없을 것이다.

남한에서도 좋은 무기를 많이 갖고 있기는 하다. 그러나 전쟁은 무기만 갖고 하는 것이 아니다. 무기를 다루는 군인들의 투지가 무엇보다도 중요하다. 헛된 평화 무드는 군인들의 투지를 약화하는 역할을 하는 독약이라고 보아도 된다. 일선에서 비가 오나 눈이 오나 온몸을 바쳐서 주야로 근무하는 군인들 옆으로 적에게 가져다주는 선물을 잔뜩 실은 트럭이 지나간다고 상상을 해보자. 이러한 광경을 보는 군인들은 어떠한 느낌을 갖게 될 것일까? “나의 이 고생은 누구를 위해 무엇 때문에 하고 있는 것일까?”하는 의문을 갖게 되지 않겠는가?

화해협력주의자들은 평화무드를 조장해서 자기들의 위상을 높이려고 안간힘을 다하고 있다. 내적으로는 허위 평화를 빙자해서 정치적인 우위를 차지하고 국제적으로는 평화주의자로 명성을 떨쳐보려고 한 것이다. 그러한 정치적인 야망이 잘 맞아 떨어져서 김대중 전 대통령은 노벨 평화상까지 받았다. 맨입으로는 만나주지 않겠다고 해서 그렇게 했는지는 모르겠지만 막대한 돈을 가져다주면서 김정일과 면담을 하였다. 그리고 국민에게 그것이 마치 평화적인 협상의 효시같이 생각을 하게 만들었다. 그래서 노벨상 시상 국인 스웨덴에서도 감동(?)을 한 것 같다.

김대중 전 대통령은 공식 석상에서 북한은 남한의 화해정책으로 인하여 그간 무력도발을 하지 않은 것이라고 호언한 바 있다. 휴전이 성립된 1953년부터 지금까지 50년 이상이나 무력도발이 없었던 것은 남한의 군사적인 견제력 때문도 아니고 햇볕정책 때문도 아니다. 남한에 주둔하고 있는 미군 때문이었다는 사실을 그 사람들도 잘 알고 있으련만 그러한 말을 함부로 한다는 것은 참으로 안타까운 일이다.

이기고 져야 끝나는 것이 전쟁이지만 특수한 이유 때문에 화해로 전쟁을 끝마치려면 우선 상호 평화협정부터 하여야 한다. 영어로 'Peace Treaty' 라고 한다. 평화협정의 전제(前提)는 서로 전쟁의 의도가 없다는 사실을 명백히 밝혀야 한다. 그 증표로 양쪽이 더 전쟁을 할 수 없을 정도로, 또는 제한된 범위 내에서 군사력을 감소 조정하겠다는 약속을 하고 협의된 기한 내에 그 협약을 이행해야 한다.

서로가 전쟁을 도발할 수 없는 상태로 군사력을 조정해서 안전장치를 마련하여 놓지 않고서는, 더 이상의 대화를 할 수가 없으며 해서는 안 된다. 정치를 서양에서는 '폭력을 사용하지 않고 하는 타협의 과정'이라고 정의한다. 국내정치에서는 폭력을 사용할 수 없기 때문에 정치가 가능하지만 국제사회에서는 폭력을 제지할 수 있는 경찰이 없기 때문에 정치적으로 문제를 해결하려다 잘 안되면 무력을 사용해서 해결한다. 즉 외교적으로 문제해결을 못하면 전쟁으로 해결한다는 뜻이다.

남북관계에서도 애당초 정치적인 타협이 불가능했기 때문에 전쟁이 터졌는데, 이제 와서 타협으로 문제를 해결하겠다는 것은 망상 중의 망상이다. 타협을 하려면 군사력을 조정해서 물리적인 폭력을 서로 쓰지 못하게 해놓지 않으면 안 된다. 왜냐하면 타협의 뒷받침을 군사력으로 하기 때문에 대등한 입장에서의 타협은 불가능하기 때문이다.

군사학에서 '무력이란 외교의 뒷받침'이라고 규정한다. 김대중 전 대통령은 무력을 뒷받침으로 하는 외교를 한 것이 아니고 돈을 뒷받침으로 하였기 때문에 협상의 제 1조건인 군사력을 조정하지 못하였다. 제 1조건을 해결하지 못하였으면 일단 협상은 무산된 것인데도 불구하고 대화를 계속하고 있다. 제 1조건을 해결하지 못하고 지속하는 대화이기 때문에 일방적인 대화가 되었으며, 북한에 돈을 주기 전에는 아무 이야기도 못하는 처지가 된 것이다.

북한에 가져다주는 돈과 물자가 남한을 치기 위한 군사비로 충당이 되고 있어도 아무 말을 못하게 되어있다. 모든 대화는 북한 주도적인 대화이며 북한을 돕는 대화이다. 경제 협력은 협력이 아니고 남한이 일방적으로 북한에 경제적인 원조를 해준다는 뜻이다. 남한의 주장은 무엇이고 대화의 주제가 무엇인지 알 수가 없는 것이 남북 대화이다.

한국은 미국의 혈맹이다. 그리고 우호조약 국가이다. 한국을 지금까지 공산세력으로부터 보호해 준 나라이다. 한국을 국제정치학적인 측면에서 본다면 한국의 입지는 서방 자유주의진영이요 미국의 우산을 받고 있어야 살게 되어있는 나라다. 제국주의 시대와 달리 현 국제사회에서는 공동방위 체제에 속하지 않으면 살아남기 어렵게 되어 있다. 한국이 지금 걷고 있는 '남북공조' 노선은 한미우호조약과는 맞지 않는 노선이다. 이번 남북정상회담이 우방에게 또 한 번의 실망을 주는 회담이 되어서는 안 되겠다.

끝으로 Winston Churchill의 명언을 다시 한 번 적어본다.

> "융화정책을 쓰는 사람은 자기를 잡아먹으려는 악어에게 먹이를 던져주면서 자기는 제일 마지막에 잡아먹어 달라고 기원하면서 시간을 벌고 있는 사람과 같다. (An appeaser is one who feeds a crocodile hoping it will eat him last.)"

제 3장

부당한 이민의 한국선거참여*

1. 이민은 '재외국민이 아니다'–미국을 내 나라라고 명명하는 입장

미국이 좋아서 왔건 한국이 싫어서 왔건 미국 이민은 일단 미국 땅에 발을 디디면, 미국통치권하의 항구적인 소속원이며 미국을 위한 존재가 되게 되어 있다. 그러나 미국은 원래 다인종 다문화 국가임으로 한인은 한인대로 한국문화를 즐기며 살 수 있고 한국인으로서의 긍지를 갖고 살 수 있게 되어있다. 그렇지만 이민자의 기본적인 의무인 '미국화'를 외면한다던가, 지나친 모국 편중주의에 빠져서 미국의 통치권을 경시할 경우에는 그에 상응하는 대가를 어김없이 치르게 된다는 사실도 우리는 역사를 통해서 알아야 한다.

* 본장 전문 한국일보 샌프란시스코 판에 기고한 저자의 오피니언을 전재한 것임 (2010.8.21. & 2010.11.25.)

요즈음 한국 정부나 정계에서는 '재외국민'의 참정을 실현코자 노력하고 있는데, 그 대상을 잘못 알고 있는 것 같아서 아연해진다. '재외 국민'이라면 상사 지사원, 유학생, 장기 여행자 등을 뜻하며 이민은 제외되어야 할 터인데도 불구하고 이민을 포함시켜 한인동포를 오도하고 있다. 게다가 비례대표까지 고려한다는 둥, 마치 이민사회를 한국의 일개 행정단위로 여기는 어이없는 소리도 나오고 있다.

헌법학에서는 '국가의 항구적 소속원으로서 영토 안에 있거나 영토밖에 있거나 국가의 통치권에 복종할 의무를 가진 자를 국민이라 한다.'라고 정의하고 있다. 실제적으로 이민은 모국을 영구히 떠난 입장임으로 '항구적 소속원'도 아니고, 미국의 '통치권에 복종' 하면서 살고 있으며 한국의 '통치권' 하고는 무관하다. 즉, 이민은 한국의 국민요건을 갖추지 않고 있으므로 '재외국민'이라고 할 수 없다.

영주권자가 한국여권을 갖고 있다고 해서 한국 국민이라고 하는데, 국제법상 자국민을 무국적자로 만들면 안 되기 때문에 국가에서 형식상 교부하는 증명서가 '이민여권'이다. 이민이 징병이나 납세의 대상이 아닌 거와 마찬가지로 '재외국민'도 아니다. 이민의 정체(identity)는 '재외 국민'이 아니고 미국을 내 나라라고 해야 하는 '미국 주민'이다. 즉 '출가외인'과도 같은 처지다.

미국은 19세기 말엽부터 제 2차 세계대전 때까지 동양인을 극심하게 차별대우 하였고 천대하고 배척했으며, 끝내 동양인은 이민도 오지 못하게 법으로 그 길을 막은 역사를 갖고 있는 나라다. 발단은 동양인으로서는 제일 먼저 이민을 온 중국인들이 기존 미국인들에게 혐오감을 주었기 때문인데, 여러 가지 원인이 있지만 미국이민으로서 거쳐야 하는 '미국화'를 외면하였으며 극단적인 모국 편중적 생활을 하였기 때문이라는 것이다. 이 파동을 '황화'라고 칭한다. 이민의 모국 선거참여는 '미국화'를 역행하는 행위이며, 모국 편중적인 생활을 조장하는 역할을 하게 됨으로 '황화'를 연상케 하는 우환거리가 될 가망성이 짙다.

참정이란 항상 나라 일에 관심을 갖고 일상생활을 영위하며 실생활을 통해서 조성되는 본인의 정견을 투표를 통해서 반영을 하는 정치적인 수단이다. 계속성을 지니는 절차로 항상 필요한 정보에 접하고(keep informed) 국민의 동향을 감지(感知)하면서 살게 되어 있다. 나라의 일원으로 나라와 호흡을 같이 하여야만 참정의 자격이 있고 의의가 있다는 뜻이다. Korean-American에게 투표를 시키는 일은 외국인에게 투표를 시키는 것과 다를 바 없다. Korean-American의 의사는 '민의'일 수가 없기 때문이다.

지금 선관위에서는 '국외 선거운동법 위반자'를 처벌한다고 하며 '현지영사가 피의자를 조사해서 진술서를 작성'하게 한다는 등 미국 통치권에 복종하면서 사는 사람을 한국 법으로 위법처리 하겠다는 발언을 하고 있다. 과연 이러한 처사가 미국 내에서 통할 수가 있다는 것으로 알고 하는 말인지 의심스럽기 짝이 없다.

미국에는 실제적인 한국의 재외국민도 많이 살고 있다. 상사 지사원, 유학생, 장기 출장자 등인데 정부에서는 이들의 선거참여에 초점을 맞추어야 할 것이다. 한국 정치와는 아무 상관도 없는 Korean-American에게 투표를 시킨다는 것은 외국인에게 투표를 시키는 것과 다를 바 없는 만큼, 이민의 참정권의 문제는 아예 이민사회에 평지풍파를 일으키기 전에 깨끗이 철회하는 것이 마땅하다고 본다.

2. 이민의 한국 선거참여는 언어도단–한국 공직자는 이민의 정치적 대표자가 될 수 없다

필자는 투고를 통해 국민의 법적인 정의(定義)는 '국가의 항구적인 소속원으로서 영토 안에 있거나 영토 밖에 있거나 국가의 통치권에 복종할 의무를 가진 자'라고 하였다. 또한 이민은 한국의 항구적인 소속원도 아니고 한국의 통치권에 복종할 의무도 가지고 있지 않음으로 한국 국민이 아니라고 하였다. 영주권자인 경우도 한국에 국적이 있고, 한국여권을 갖고 있더라도 그것은 국제 협정상 수용국가에 가서 귀화하기 이전에는 이민자를 무국적자로 두면 안 되기 때문에 한국정부에서 당사자에게 만들어 준 여행증명서에 불과하며, 실제적인(de facto) 활성(active) 국민이라는 뜻의 국적은 아닌 것이라는 설명도 하였다. 그러므로 이민이 한국 공직자 선거에 참여한다는 것은 천부당만부당한 것이라고 주장한 바 있다.

이민은 '재외국민'이 아니라는 점도 있지만, 이민이라는 그 조건 자체 때문에 부재자 선거에 응하면 안 되게 되어있다. 미국 이민국에서는 '미국의 영주권자는 이 나라를 우리나라라고 명명하겠다는 결정을 내린 사람'이며, 미국에 '충성'을 하는 사람으로 규정하고 있다. 한국 사람이 아니라는 뜻이다.

뿐만 아니라 이민에게 선거권을 부여한다는 것은 민주적 대의정치의 대원칙을 무시하는 처사이기도 하다. 선거는 선거하는 사람을 정치적으로 대표할 대의원을 선출하는 절차인데, 한국의 국회의원이나 대통령이 이민을 대표하는 공직자인가 하는 것이다. 이 국회의원들은 한국 국회에서 유권자들의 삶을 규정하는 법을 제정하는 사람들인데, 이민자들이 이들이 만드는 법의 지배를 받고 있느냐는 것이다.

이민의 삶을 좌우하는 법을 제정하는 곳은 미국 국회(상, 하원)이며 백악관이다. 이민이 참여해야하는 선거는 한국 총선거가 아니고 미국 총선거이다. 영주권자는 현재 미국 선거에 참여치 못하니 한국 선거에라도 참여해야 되지 않겠냐는 이들도 있는데, 어불성설이다. 선거는 꿩 대신 닭이 아니다. 내 등이 가려우면 내 등을 긁어야 하는 것이지, 손이 안 닫는다고 남의 등을 긁어서 되는 것이 아니라는 뜻이다.

대한민국 정부의 억지춘향인 이민자 선거권 부여와 참여의 강행은, 이민으로 하여금 미국에 대해서 부당한 행위를 하라고 종용하는 처사이다. 그뿐만 아니라 빈축을 사게 하는 경거(輕擧)라고 할 수 밖에 없으며, 일부 정객이 이민을 선동해서 자당의 이익을 꾀하려는 모사(謀事)이기도 하다. 이는 이민을 우롱하는 처사이며 이민사회에 불안을 조성하는 시한폭탄과 같은 만큼 이민 당사자들은 이 문제를 그대로 묵과해서는 안 된다.

한국 정당은 정당이 아니고 도당(徒黨-band)적인 성격을 띠고 있기 때문에 선거가 있으면 부동표 탓으로 예상치 않았던 박빙승부라는 현상이 잘 나타난다. 승자와 패자의 표수가 그리 큰 차이가 나지 않는 승부라는 뜻이다. 그러므로 해외국민 참정권 결정은 선거에서 안전하게 이기려면 돈으로 마음대로 조작할 수 있는 230만이나 되는 해외 표에 기대를 걸어보겠다는 위정자들의 짧은 생각인지도 모른다.

개정된 선거법에 의하면 재외 국민을 대상으로 한 선거운동에 들어가는 비용은 선거비용에 포함되지 않는다고 한다. 결국 재외국민의 선거는 돈으로 결판을 낼 수 있기 때문에 돈이 있는 정당에서는 혈안이 되어 벌써부터 창구를 미국 도처에 마련 중이다.

순박한 이민을 돈으로 뒤흔들어 보려는 흉계가 숨겨있는, 그리고 민주적 대의 정치의 대원칙을 무시하면서까지 '재외국민'의 범주에 들어가지도 않는 이민을 우격다짐으로 선거에 참여케 하려는 한국 정부의 무모한 시책은 철회되어야 마땅하다. 그리고 현지 유권자로 지목된 이민들은 '선거불참(選擧不參)'이라는 형태로 보이콧을 해야 할 것이다.

미국은 동양인을 막심하게 배척한 적이 있는 나라다. 동양인 이민을 오지 못하도록 막은 황화(黃禍)사건이라는 역사를 갖고 있는 나라다. 동양인은 이민이면서 미국인으로 동화하고자 하는 노력이 없었으므로 주위 사람들에게 이질감을 주었고, 빈축을 샀으며 결국 배척을 당하게 되었다. 우리에게 다시는 그러한 역사가 되풀이되지 않도록 할 책임이 있다. 이민의 한국 선거 참여는 이민의 본분을 망각한 행위인 만큼 유사한 화를 몰고 올 가망성이 없지 않다. 사전에 막아야 하겠다.

『이민은 어느 나라 사람인가?』를 마치며

필자는 6.25때 대한민국 공군의 작전장교로 미국 공군 전투요원들과 같이 전쟁을 하며 순박(淳朴)한 미국인들의 모습을 보았다. 1956년에는 군사유학을 와서 미공군 정규 정보학교에서 수학을 하면서 미국 정보세계를 어느 정도 알게 되었고, 장기간 공군기지내에서 영내생활을 하면서는 미국 중견들의 한국관과 전쟁관을 피부로 느낀 바 있다.

1959년에 군을 떠나면서 미국으로 유학을 왔는데, 그때 단지 학문과 학술적 연구위주의 대학원 공부를 한 것이 아니라, 미국 학생들과 허물없이 어울려서 운동도 같이 하고 실생활도 같이 하는 학부공부(undergraduate)를 공립대학에서 했다. 내내 호된 고학을 하느라 미국 근로 층 사람들과도 많이 어울리게 되면서 미국사회를 좀 더 심도 있게 제대로 볼 수 있는 기회도 가졌다. 그리고 국제적 사업체의 임원으로서 미국과 제3국 등에 살면서 세계 속의 우리를 좀 더 소상히 살펴볼 기회가 있었으며, 이민으로서의 우리 한인을 좀 더 깊이 있고 정확히 볼 수 있게 되었다.

필자는『이민은 어느 나라 사람인가?』를 통해서 ‘이민의 정착지인 수용(受容)국가는 남의 나라이면서 내 나라’라는 엄연한 사실을 되새겨보았다. 그리고 “누구나 다른 나라에 살려면 그 나라의 법도를 따르는 것이 당연하며, 더욱이 이민을 선택한다면 그 나라의 법과 질서를 성실하게 잘 지키면서 살아가야 한다.”는 대원칙을 알기 쉽고 명료하게 풀이하려고 노력하였다.

이 책을 통해 지난날의 동양인 배척사조를 되새겨 봄으로써 그러한 불미스러운 일이 다시는 반복되지 않고, 그 교훈이 우리 한인 이민의 좌우명이 되었으면 하는 바람이다. 사계의 전문교육을 받은 학도로서 세계각지를 생활무대로 살았던 경영인으로서, 이 정도의 글은 기필 남겨놓아야 되지 않겠냐는 양심의 호소에 따라 미약하나마 집필에 정성을 쏟았다. 독자 여러분께서 그 뜻을 참작하시고 애독해 준다면 감사하겠다.

저자 전 유 경

부 록

공개서한 소개에 즈음하여

우리 이민사회에 '평통'을 비롯한 여러 대한민국 애국단체의 미국지회 등이 성행하고 있는데, 실은 이러한 단체는 우리 이민사회에는 걸맞지 않을 뿐더러 이민의 미국화를 전제로 하는 미국의 이민정책과도 상치(相馳)되는 바 큼으로 철수 내지는 해산을 했어야 합니다. 한인 이민의 초기에는 당사자들도 그랬고, 국내에서도 이민의 본분(本分)을 잘 몰랐으므로 이런 과오를 은연중에 범할 수 있었지만, 신 이민(新 移民)의 역사도 어언 반세기를 바라보고 있는 이 시점에서도 아직 그러한 단체가 이 땅에 존재하고 있다는 사실은 참으로 부끄러운 일이 아닐 수가 없습니다.

이러한 단체들의 존재가 이민사회에 별 악영향을 주지 않고, 관계자들의 사회적 욕구 충족이나 과시(誇示) 정도로 그친다면

야 왈가왈부할 이유가 당연히 없습니다. 그러나 유감스럽게도 이러한 단체는 한인사회의 기반을 뒤흔들 시한폭탄과 다를 바 없는 무서운 존재이니만큼 묵과 할 수가 없는 것입니다. 저자는 치욕적인 미국의 동양인 배척과 천대의 역사를 소상히 알고 있는 미국의 정치학도로서, 그대로 지나친다면 양심이 허락지 않음으로 이러한 단체가 우리 곁에서 사라질 때까지 무슨 수를 써서라도 제거 활동을 계속하여야 한다고 여기고 애를 쓰고 있습니다.

대한민국의 유력인사들을 설득하려고 해보았댔자 도로무익(徒勞無益)일 것이라 여기기는 했지만, 필자의 시대와는 달리 세대교체도 되고 해서 혼탁한 관청 문화가 요새는 다소는 정화가 되었으리라 여기며 일루의 희망을 품고 공개서한을 대한민국 국무총리와 대한민국 재향군인회장, 대한민국 6.25참전 국가유공자회장, 주 상항총영사에게 2009년 12월 20일부로 송부를 하였습니다. 하지만 역시 예상했던 대로 그 서한은 필자의 혼자 말(獨白-monolog)로 끝이 나고 말았습니다.

당시 송부한 공개서한의 일부를 이에 첨부하는 이유는, 이 공개서한이 필자 혼자 말이 되어서는 안 되겠다는 생각을 가지고 있기 때문입니다.

공 개 서 한

수신: 대한민국 국무총리, 대한민국 재향군인회장, 대한민국 6.25참전 국가유공자회장

참조: 주 샌프란시스코 총영사

제목: 민주평화통일 자문회의 및 재향군인회와 6.25참전 국가유공자회 미국 지회 철수를 청원하는 건의서

구분: 공개서한

발신: 캘리포니아 거주 귀화 미국시민 전유경

2009년 12월 20일

존경하는 총리님, 대한민국 재향군인회 회장님, 대한민국 6.25참전유공자회 회장님에게 삼가 아뢰옵니다.

본 건의서의 목적은 민주평화통일자문회의(이하 '평통'이라 호칭)와 準軍事的(paramilitary) 애국단체인 대한민국 재향군인회와 6.25참전 국가유공자회(이하 '유공자회'라고 호칭)의 **미국지회**(美國支會) 등이 재미동포사회에 존재할 성질의 단체가 아님은 물론 미국 이민정책에 정면으로 도전을 하고 있으므로 대처를 청원코자 하는데 있습니다.

필자는 1931년생이며 6.25사변 때 대한민국 공군 작전장교로 참전하였습니다. 1956년에는 군사유학생으로 도미하여 美空軍 技術情報學校(Ohio)와 學術敎官學校(Texas)에서 수학한 바 있고, 1959년에는 소령으로 군을 떠나 사비유학생으로 도미하여 California State University, Sacramento에서 국제정치학을 전공하였으며 1963년에 졸업을 하면서 귀국을 하여 韓國 空軍大學의 政治學 敎授로 奉職하였습니다. 이후는 한국 건설업계에 투신하여 海外建設이라는 새로운 業種을 창설하는데 주역을 하였으며 해외시장 개척의 선구자로 인도네시아를 비롯해 싱가포르, 사우디, 이집트 등 여러 나라를 전전하면서 한국과 현지 회사 간 합작회사의 CEO로 봉직하였습니다. 1980년에 미국으로 이민을 왔으며 1989년에 시민으로 귀화하였습니다. 현재 은퇴 시민으로서 California의 San Jose 인근인 Fremont라는 곳에 거주하면서 한국계 일간 신문의 객원 칼럼니스트로 우리 교민의 교육/계몽 활동에 참여하고 있습니다.

필자는 1956년부터 50여 년간 여러 가지 자격으로 맺은 오랜 동안의 미국과의 인연으로 미국사회를 보다 광범위하고 깊이 있게 관찰하고 체험할 기회를 가졌습니다.

특히 필자는 미국서 공부위주의 대학원을 다닌 것이 아니고,

공부와 더불어 학급 동료들과 운동도 같이하고, 과외활동 등도 같이하면서 허물없이 어울려 생활하며 미국을 몸으로 익힐 수 있게 하는 학부(undergraduate)교육을 받았으며, 고학을 하느라고 노동 층 사람들로부터 사업체의 관리직 사람들까지 넓은 폭의 사회인들과도 적지 않게 접촉할 기회를 가졌습니다.

그러한 과거가 오늘날 우리 이민의 실태를 비교적 올바르게 볼 수 있게 하여 주는 것이 아닌가 여기고 있습니다. 그리고 그러한 체험의 영향을 다분히 받은 필자의 생활관과 가치관은 이하 서술하는 내용과 의견을 보다 실제적이고 합리적으로 엮을 수 있게 하여준 것으로 확신합니다.

필자는 오랜 기간 동안의 해외생활을 통해서 갖게 된 한인사회와의 연대감과, 대한민국 예비역 장교라는 신분과 그리고 6.25참전유공자라는 입장에서 이 건의서를 쓰지 않을 수가 없어서 송구스럽습니다만 붓을 든 것입니다.

[개 요]

(1) 미국으로 이민 온 우리 한인들은 좀 더 잘 살아보겠다는 생각으로, 아니면 한국에서 생계를 유지하기가 막막해서, 또는 어떠한 이유이건 간 한국에서 살기 싫어서 이민 길을 나선 이기적인 사람들입니다.

(2) 이민은 미국의 이민정책에 따라 미국 국민이 되어야 합니다. 그리고 미국의 국익을 대표하는 존재가 되어야 하는 것입니다. 이는 이민에게 부과되는 기본적인 의무인 것입니다.

(3) 이민은 각기 개별적으로 미국으로 이주 해 와서 임의로 삶의 터전을 마련하여 산발적으로 각지에서 현지인으로 자유로이 살고 있습니다. 바꾸어 말하자면 미국의 한인사회는 편의상 우발적으로 형성한 객관적 실재성이 없는 가상적인 사회이며 유기적인 교민의 집합체가 아닐뿐더러 대한민국의 행정단위도 아니라는 것입니다.

(4) 이상과 같은 성격을 지니는 이민사회와는 성질상 상치하는 평통이라든가, 재향군인회, 그리고 유공자회 미국지회(美國支會)가 존재한다는 사실을 저희는 부당하다고 여기고 있습니다. 이러한 단체는

미국 이민정책에 정면으로 도전을 하고 있을 뿐만 아니라 이웃의 빈축을 사고 있는 것입니다. 미국은 우리의 우방이기는 하지만 식민지는 아닙니다. 한국의 통치권(sovereignty)하에서나 존재의 뜻이 인정될 수 있는 그 단체들을 미국이라는 타 주권국가에서 미국사람의 자격으로 살고 있는 이민을 대상으로 설립을 하여 놓았다는 자체가 우선 모순이라는 것입니다.

(5) 이러한 단체는 관례로 보아 정권유지의 도구로 쓰인다던가, (한국)정부의 시정행동대로 잘 활용이 되게 되어 있는데, 만에 일이라도 그러한 陰計가 숨겨져 있다면 일천(日淺)한 우리 이민사회는 지리멸렬하게 될 것이며, 미국 주류사회로서의 발전이 요원해질 것입니다.

(6) 이민이 미국에 바치는 충성맹서의 첫머리는 "나는 지금까지 내가 예속되어 있던 국가에 대한 충성심 전부를 자발적으로 완전히 그리고 철저하게 포기(absolutely and entirely renounce and abjure all allegiance and fidelity to any foreign state or sovereignty) 하고 미국의 헌법과 법을 받들 것이며"로 시작됩니다. (全文은 본문 참조)

(7) 평통과 재향군인회와 유공자회의 설립목적은 다음과 같습니다.

[평통]: 통일에 관한 국내외 여론 수렴, 통일에 관한 국민적 합의 도출, 통일에 관한 범민족적 의지와 역량의 결집, 그 밖에 대통령의 평화통일정책에 관한 자문, 건의를 위하여 필요한 사항.

[재향군인회나, 유공자 회의 설립목적]: '향토방위의 협조, 호국정신의 함양 및 고취, 국가 발전과 사회공익의 증진, 국가 안전보장과 민족평화통일에 기여' 등입니다.

(8) 평통과 재향군인회와 유공자회의 사업은 대한민국에 대한 충성심을 전제로 하는 것입니다. 그러나 이민은 법적으로, 그리고 사실상 미국 이외의 나라에 충성을 하면 안 되게 되어있습니다. 벌칙을 동반하는 법이 있습니다.

(9) 저희가 수제(首題) 단체의 철회를 희망하는 것은 한국을 사랑하는 애향심이 없기 때문이 아닙니다. 이민의 특성상 저희의 안위에 직결되는 것임으로 철수를 해주십사 하는 것입니다.

미국은 19세기 말엽부터 2차대전초까지 동양인을 철저하게 배척하고 무자비하게 학대하였으며 법적으로 이민마저 못 오게 막은 황화풍조(黃禍風潮)를 경험한 나라입니다 *(동봉한 필자의 신문 칼럼 카피 참조 바랍니다). 이들 단체가 교민의 미국화를 저지하는 명백한 요인으로 대두가 된다면 정도의 차이는 있겠지만 우리는 또다시 집단적으로 멸시를 당하며 천대를 받는 비참한 존재가 되지 않겠느냐는 것입니다.

(10) 미국에 철석같이 충성을 맹서한 저희들이 수제의 단체에 가입을 함으로써 맹서를 부인하는 배신자로 낙인이 찍히기 시작을 하면 문제의 수습이 그리 간단치는 않으리라 여겨집니다. 우선 민심의 변화가 무섭습니다. 황화 풍조도 정부가 즈도한 것이 아니고 민심이 불어 일으킨 거센 바람이었던 것입니다.

(11) 재향군인이나 참전유공자들이 대한민국 재향군인회나 유공자회 등과 아무 공적인 관계없이, 그리고 사회단체의 성격을 띠지 않고, 순수한 사적인 친목단체로 현지에서 단독으로 모임을 결성하고 집회를 할 경우는 아무 문제가 없고 주위로부터 백안시 당하는 일도 없는 것입니다. 그리고 지금 각지에서 그렇게 하고 있는 모임이 많이 존재하고 있다는 사실을 명기하는 바입니다.

> * 개요 (9)에 적혀있는 '동봉한 필자의 신문 칼럼 카피 참조 바랍니다'의 '신문칼럼 카피'는 본 책자의 제2편 제1장을 참조 바람

아래에서는 이상과 같은 사실을 좀 더 구체적으로 설명을 드리고, 가설의 정당성을 입증 서술하도록 하겠습니다.

(본문 생략)

[결론] 존경하는 총리님과, 재향군인회 회장님, 그리고 6.25참전 유공자회 회장님, 두서없었습니다만 저희 이민의 입장을 충분히 설명을 드렸다고 여기며, 평통을 위시한 재향군인회와 참전유공자회 미국지회의 존재가 저희 이민에게 어떠한 부정적인 영향을 가져오고 있으며 시한폭탄과 같은 복병으로 존재하고 있는지도 설명을 드렸습니다.

한인의 정상적인 대량 미국이민은 1965년의 동양인 차별대우 철회시점부터 시작이 되었고, 현 재미동포의 인구비율도 아직 한국태생 1세들이 미국태생 한국계-미국시민의 수를 능가하고 있습니다. 대한민국 이민역사상 처음 있는 일이고, 당연히 1세 이민들은 한국계 이민사회의 기반을 올바르고 건전하게 조성하기 위해서 최선을 다하여야 할 때이오니 저희들의 안타까운 입장을 참작하시어 청원을 허하여 주시기를 앙망합니다.

(끝)